Birgit

Heilfasten

Die heilende und belebende Kraft der Fastentherapie

Mosaik Verlag

I n h a l t

I n h a l t

Einleitung

Sie bringt Leid und Krankheit in Tausende von Familien, Schmerzen werden deswegen erlitten, Tränen vergossen, jährlich werden Milliarden Mark für die Folgen ausgegeben. Es ist nicht von einem neuen Virus die Rede, einer ansteckenden Krankheit, einem besonders bösartigen Tumor oder einer wenig erforschten Erkrankung – sondern von der Ernährungssituation in Deutschland und anderen Industrienationen am Ende der 20. Jahrhunderts. Die Menschen essen sich krank – und diese Erkrankung hat viele Formen.
Früher, als die Menschen noch nicht die Welt beherrschten, als sie noch von der Natur abhängig waren und deren Gaben wie Schätze hüteten, litten sie nicht wie heutzutage Zivilisationskrankheiten. Oft mußten sie lange Winter hindurch hungern, konnten sich nur von ihren knappen Vorräten, von dünnen Suppen und Kräuteraufgüssen ernähren. Wenn dann einmal ein Tier erlegt wurde, aß jeder soviel, wie er eben nur konnte, um die körpereigenen Energiespeicher wieder aufzufüllen.
Vielleicht ist es dieses Relikt aus frühen Vorzeiten, der Urinstinkt unserer Ahnen, soviel zu essen wie es nur geht – wer weiß, wann es wieder etwas gibt? – der vielen Menschen heutzutage zum Verhängnis wird. Die langen Winter ohne Nahrung gibt es – zum Glück – nicht mehr. Die Regale der Supermärkte sind zu jeder Jahreszeit mit allem, was sich der Mensch nur wünscht, angefüllt, und die geschickte Werbung heizt die Gier nach immer mehr und immer besser noch an. Dafür muß das Essen als Ersatzbefriedigung für unerfüllte Wünsche und Bedürfnisse herhalten, versüßt einigen Menschen das Leben, ohne daß sie wissen, wie verhängnisvoll dies werden kann.

Wie nun umkehren, wie nun ausbrechen aus dieser gefährlichen Entwicklung? Betrachten wir einen Gedanken des Philosophen Lucius Annaeus Seneca, der zu Beginn der christlichen Zeitrechnung am Hofe des römischen Kaisers verkehrte:

Fliehet die Üppigkeit und das entnervende Glück, in dem die Geister erschlaffen und gleichsam trunken hintaumeln, wenn nicht etwas kommt, was sie wieder an das Menschenlos erinnert.

Und was erinnert einen Menschen mehr an sein Menschenlos als Krankheit, Leid, Schmerzen? So sollten die ernährungsbedingten Erkrankungen als Warnung und Anstoß zum Umdenken verstanden werden, als Wegweiser in Richtung eines gesünderen Lebens.
Ein Schritt in diese Richtung ist zweifelsohne das Fasten. Denn der freiwillige Verzicht auf Nahrung ist mehr als eine bloße radikale Abmagerungskur. Wenn falsche Ernährung zur Entstehung einer Erkrankung beigetragen hat, kann Fasten Linderung und Heilung bringen. Eine Fastenkur gibt dem Körper die Möglichkeit, überladene Speicher und Zelltrümmer abzubauen und dadurch den Heilungsprozeß günstig zu beeinflussen. Daneben kann das bewußte Erleben der Fastenzeit unser in eine Schieflage geratenes Verhältnis zum Essen wieder ins rechte Lot rücken. Wer zehn Tage oder mehr auf jegliche Nahrung verzichtet hat, weiß auf einmal den Geschmack und die Frische eines Apfels ganz anders zu schätzen, und vielleicht erinnert er sich an die ursprüngliche Freude beim Verzehr dieses Apfels, wenn er an einer überladenen Festtafel Platz nimmt.
Fasten abseits vom Alltag ist eine sehr besondere Zeit und hat wahrscheinlich deshalb in vielen Religionen und alten Kulturkreisen seinen festen Platz gefunden. Doch auch in unserer modernen und hektischen Zeit bietet das Fasten die Möglichkeit zu innerer Einkehr und Besinnung, zum bewußteren Wahrnehmen des eigenen Lebens und der Natur.

Kapitel 1

Geschichte und Hintergründe des Heilfastens

In alten Kulturen trennte man nicht zwischen Religion und Medizin. Ein Priester war gleichzeitig Arzt und umgekehrt

Fasten hat in der Menschheitsgeschichte eine jahrtausendealte Tradition. In früheren Zeiten, als die Menschen noch völlig von der Natur und ihren Gesetzen, vom Wetter und den Jahreszeiten abhängig waren, mußten unsere Vorfahren häufig kalte Winter mit nur karger Speise überstehen. Manchmal waren ein Kräutersud oder ein paar aus der Erde gegrabene Wurzeln für längere Zeit die einzigen Nahrungsmittel. Das Auskommen mit dem Allernötigsten und die Ernährung aus körpereigenen Reserven gehört also schon lange zum Repertoire der menschlichen Überlebensstrategien.

Im Laufe der Zivilisationsgeschichte fand das Fasten dann einen festen Platz in Religionen und Bräuchen. Dabei wurde zwischen Medizin und Religion lange nicht so strikt unterschieden wie heute. Ein Priester erfüllte nicht nur spirituelle Aufgaben, sondern verfügte auch über medizinische Kenntnisse, und ein Arzt heilte nicht nur den Körper, sondern auch die Seele. Oftmals war ein Kundiger der Heilkunst sowohl Arzt als auch Priester. Und gerade an dieser strikten Trennung zwischen dem Körper, dessen Erkrankungen gebessert werden sollen, und dem Geist und der Seele, die aus diesem Vorgang ausgegrenzt werden, krankt unser heutiges Gesundheitssystem. Es wird nicht mehr ein Mensch geheilt, sondern sein Magengeschwür medikamentös behandelt, seine Rückenschmerzen werden »weggespritzt« oder seine Gallenblase herausoperiert. Ohne Zweifel feiert die Schulmedizin damit große Erfolge und lindert

viel Leid. Doch fehlt den Patienten dabei oft das Wesentliche: daß sie als ganze Menschen wahrgenommen und behandelt werden und daß sie sich mit ihren Sorgen und Nöten angenommen fühlen. Allerdings hat diese Entwicklung in den letzten Jahrzehnten auch die Mentalität vieler Menschen verändert. Mit ihrer Einstellung »Der Doktor wird's schon richten« weisen sie jede Eigenverantwortung für ihre Gesundheit zurück. Die Erfahrung, daß das letzte Geheimnis des Lebens und der eigentliche Heiler ganz allein in jedem selbst liegt, bleibt dabei verborgen.

Fasten ist eine Möglichkeit, die Balance des Körpergleichgewichts wiederherzustellen

Diesem Denken wiedersetzt sich in den vergangenen Jahren der Trend, zu naturheilkundlichen Therapien zurückzukehren. Aus alten Kulturen, Religionen und der Medizingeschichte werden wertvolle Gedanken und Therapien wiederentdeckt, und vieles spricht dafür, daß die Heilkundigen früherer Zeiten in ihrer ganzheitlichen Herangehensweise dem modernen, unter Zeitdruck stehenden Karrieremenschen in Hinblick auf gesundes und sinnerfülltes Leben weit voraus waren.

Fasten in alten Kulturkreisen und Religionen

In der Antike war Fasten nicht nur Teil der körperlichen Ertüchtigung, sondern auch eine gebräuchliche Methode, sich innerlich zu sammeln. So ließ der griechische Gelehrte Pythagoras (ca. 570 bis 497 v. Chr.) seine Schüler vierzig Tage fasten, damit ihr Verstand geschärft wurde. Priester fasteten sogar regelmäßig, um dem Geist mehr Klarheit zu verschaffen. Auch das gemeine Volk suchte bei körperlichen Gebrechen Heilorakel oder Tempel auf, in denen tagelang gefastet und gebetet wurde. Der Philosoph Seneca (ca. 4 v. Chr. bis 65 n. Chr.) steigerte beim Fasten nicht nur seine geistige Kraft, sondern übte sich auch in Dispziplin. Auch vom römischen Staatsmann Cicero (106 bis 43 v. Chr.) ist überliefert, daß er gelegentlich auf Nahrung verzichtete. Fasten hatte also in ganzen Kulturen seinen festen Platz, gehörte sowohl zur Ausbildung des Medizin-

mannes der Grönlandeskimos als auch als Initiationsritus in die Reifungszeit des indianischen Jugendlichen. Dem Indianer sollte im Traum während des Fastens sein Schutzgeist erscheinen, der ihm durch sein weiteres Leben begleitet.
In allen großen Weltreligionen gibt es auch heute noch Fastenzeiten. Die Hindus fasten regelmäßig an bestimmten Feiertagen. Im Buddhismus ist Nahrungsverzicht eine Möglichkeit, auf dem Weg zur Erleuchtung voranzuschreiten. Im islamischen Fastenmonat Ramadan sind vom Morgengrauen bis zum Sonnenuntergang Essen und Trinken verboten, zudem fastet der gläubige Mohammedaner auf der Pilgerreise nach Mekka volle zehn Tage. In der jüdischen Religion wird am Jom Kippur, dem Versöhnungstag, gefastet und gebetet.
Auch im Christentum war und ist Fasten ein fester Bestandteil. Jesus von Nazareth fastete 40 Tage in der Wüste, um sich für die Schwernisse seines Lebensweges und im Kampf für seine geistigen Überzeugungen zu stärken. Moses und Elias erfuhren durchs Fasten Bestärkung und innere Kraft. Vor Ostern wird eine 40tägige Fastenzeit empfohlen, in deren Anschluß das Fest der Auferstehung und der Überwindung des Todes gefeiert wird. Dieser Brauch wird heutzutage jedoch kaum noch gepflegt, die katholische Kirche verordnet nur noch Tage wie Karfreitag und Aschermittwoch, an denen auf bestimmte Lebensmittel verzichtet werden soll. Dabei haben die Vorsteher der christlichen Kirche bereits vor Jahrhunderten die religiöse Bedeutung des freiwilligen Verzichts auf Nahrung erkannt und auch selber praktiziert. So ist folgender Ausspruch von Athanasios, der um 300 n. Chr. als Bischof in Alexandria residierte, überliefert:

> *Siehe da, was das Fasten wirkt. Es heilt Krankheit, trocknet die überschüssigen Säfte im Körper aus, vertreibt die bösen Geister, verscheuchet verkehrte Gedanken, gibt dem Geist größere Klarheit, macht das Herz rein, heiligt den Leib und führt schließlich den Menschen vor den Thron Gottes.*

Fasten steht in einer langen Tradition. Schon der Grieche Pythagoras ließ seine Schüler fasten, um ihren Verstand zu schärfen

Fasten in der Medizin

Früher hatte Ernährung und damit auch Fasten den Rang einer Medizin

Auch die Wurzeln des Heilfastens in der Medizin reichen bis in die Antike zurück. Vom griechischen Arzt Hippokrates, der 400 Jahre vor Christi Geburt praktizierte, sind verschiedene diätetische Therapieansätze bekannt. Die große Bedeutung, die er dem Heilfasten beimaß, findet sich in einem überlieferten Zitat von ihm wieder:

> *Die vornehmste und wirkungsvollste Art aber, Euren inneren Arzt wirken zu lassen, besteht im Weglassen aller Nahrung, also in der Entsorgung des Körpers und dem damit verbundenen Wachwerden wunderbarer Heilkräfte.*

Vision der Hildegard von Bingen. Bilderhandschrift, um 1230

Eineinhalb Jahrtausende später war das Heilfasten immer noch genauso aktuell. Die gelehrte Klosterfrau Hildegard von Bingen (1098 bis 1179) verordnete Fastenkuren bei verschiedenen krankheitsfördernden Zuständen. Die Anwendungsgebiete, bei denen die Heilige Hildegard bereits im Mittelalter Fasten empfiehlt, weisen erstaunliche Parallelen zu den Risikofaktoren der heutigen Überflußgesellschaft auf, zum Beispiel bei Bequemlichkeit und Schlemmerei. Wiederum vierhundert Jahre später bemerkte der Arzt Santurio (1561 bis 1636), daß manch schwere Krankheit durch Mäßigung und Fasten kuriert werden könne.

Auch in der modernen Zeit wiesen mehrere Ärzte und Heilexperten auf die gesundheitsfördernde Wirkung von Fastenkuren hin. Mitte des 19. Jahrhunderts entwickelte der Landwirt Johann Schroth (ca. 1800 bis 1856) eine Diättherapie, bei der er abwechselnd Trocken- und Trinktage mit Ganzkörperwickeln kombinierte. Die Schrothsche Trockenkur wird auch heute noch angewandt. Der Pfarrer Sebastian Kneipp (1821 bis 1897) setzte Fastenkuren insbesondere zur Behandlung von akuten Infektionskrankheiten ein. 1880 führte der amerikanische Arzt Tanner einen wissenschaftlich überwachten Selbstversuch durch, bei dem er 40 Tage lang keine Nahrung aufnahm. Ungefähr zur gleichen Zeit schrieb der ebenfalls aus Amerika stammende Arzt Dewey das Buch »Das heilende Fasten«, in dem er seine Erfahrungen mit Heilfastenkuren, bei denen 35 Tage gefastet wird, veröffentlichte. Unter anderem beschrieb er die Heilung von schweren Erkrankungen wie Typhus durch 35tägige Nahrungskarenz.

In Europa wurden Heilfastenkuren gegen Ende des 19. Jahrhunderts vom russischen Staatsrat von Seeland praktiziert, und der Franzose Guelpa unterstützte die Fastenwirkung mit wiederholten Darmreinigungen mittels Glaubersalz. Auch der Österreicher Franz Xaver Mayr (1875 bis 1965) war der Auffassung, daß der Darm die Wurzel allen Übels sei. Er suchte Krankheiten durch anfängliches Teefasten und darauffolgende Diät mit Milch und Semmeln günstig zu beeinflussen.

Otto Buchinger heilte durch Fasten sein Gelenkrheuma und seine Gallenbeschwerden. Aus diesen Erfahrungen entwickelte er später eine eigene Heilfastenmethode

In Europa gab es zu Beginn dieses Jahrhunderts zwei bekannte Fastenärzte: Siegfried Möller in Dresden und Gustav Riedlin in Freiburg. Bei Letztgenanntem erschien im Jahre 1919 ein gewisser Otto Buchinger. Der 40jährige, stark beeinträchtigt wirkende Mann war zuvor als Marineoffizier wegen Vollinvalidität aus dem Kriegsdienst ausgeschieden. Buchinger, selbst Arzt von Beruf, war nach einer Mandelentzündung an Gelenkrheuma erkrankt, welches chronisch wurde und ihm erhebliche Schwierigkeiten bereitete. Nach der ersten Fastenkur bei Herrn Riedlin konnte er seine Gelenke wieder bewegen. Die zweite Fastenkur bei Herrn Möller in Dresden befreite ihn von seinen äußerst schmerzhaften Gallenkoliken.

Durch diese überraschenden Erfolge, die er am eigenen Leib erfahren hatte, wurde Otto Buchinger ein überzeugter Vertreter des Heilfastens, entwickelte die noch heute verbreitete Buchinger-Methode und veröffentlichte einige Bücher über seine Erfahrungen. Nach einem gesunden und erfüllten Leben, in dem er mehrere Fastenkliniken gründete, verstarb er im Alter von 89 Jahren.

Die Wirkung des Fastens auf Seele und Geist

Körper, Geist und Seele bedingen einander – eine Wechselbeziehung, die vor allem beim Fasten zu beobachten ist

Körperliche Vorgänge wirken sich auf das Innenleben und die Stimung eines Menschen aus, und umgekehrt beeinflußt die innere Einstellung und Lebensausrichtung sowie das Gefühlsleben eines Menschen auch seinen Körper und seine Gesundheit. Das kann jeder bestätigen, der frisch verliebt nach einer Nacht mit wenig Schlaf am nächsten Tag leistungsfähig, ideenreich und belastbar wie selten zuvor war. Und das gleiche Phänomen zeigt sich – allerdings in die entgegengesetzte Richtung – bei Menschen, die durch zermürbende Schmerzen oder eine hartnäckige Krankheit eine immer schlechtere psychische Verfassung bekommen. Eine ähnliche Wechselbeziehung erfährt auch ein Fastender. Zunächst verspürt er zwar die gravierenden Stoffwechselveränderungen – nicht ohne Grund wird Fasten auch als eine Operation ohne Messer beschrieben. Daneben macht der Fastende die elementare Erfahrung, die man als Ernährung von innen bezeichnen könnte: Der von den Verdauungsaufgaben befreite Organismus hat mehr Energie für andere Dinge.

Doch wer Fasten allein als körperlichen Vorgang sieht, erfaßt einen wesentlichen Inhalt dieser so besonderen Zeit nicht. Fasten bedeutet einen freiwilligen Verzicht auf Nahrung und Genußmittel, und das hat Auswirkungen auf unseren Alltag. Die Mahlzeiten nehmen gewöhnlich einen festen Platz im Tagesablauf ein. Allein für Einkaufen und Kochen brauchen wir viel Zeit. Zudem ist Essen ja nicht nur das bloße Stillen von Hungergefühlen. Essen ist Genuß, Geselligkeit, Entspannung, Belohnung. Ein feines Abendessen in einem guten Restaurant ist für viele Menschen krönender Abschluß einer arbeitsreichen Woche. Verliebte treffen sich zu ihrer ersten Verabredung häufig zum Essen, Liebe geht ja bekanntlich durch den Magen. Viele wichtige Geschäftsbeziehungen wurden schon während einem Essen geknüpft und Geschäfte erfolgreich abgeschlossen.

Verzicht auf Essen bedeutet also auch einen bewußten Verzicht auf ein Stück Außenwelt, denn einkaufen, kochen und gemeinsame Mahlzeiten entfallen. Zudem wird der Körper von der Verdauungsarbeit befreit, für die er immerhin einen beträchtlichen Teil seiner Energie aufwendet. Dem Fastenden stehen also auf einmal Zeit und Energie zu Verfügung. Fasten bedeutet also Freiraum, Zeit für Besinnung. Damit dieser Freiraum sich nicht gleich mit allerlei Zweckgebundenem (»Endlich kann ich mal alle Fotos einkleben oder den Dachboden aufräumen.«) anfüllt, empfiehlt es sich, eine Fastenkur immer mit etwas Abstand vom Alltag durchzuführen, etwa im Rahmen eines Urlaubs oder Klinikaufenthalts. Denn auf die Frage, womit denn die neuen Freiräume am besten zu füllen seien, sollte ein jeder seine eigene Antwort finden. Er sollte in sich hineinhorchen und auch ein kurzzeitiges Gefühl der inneren Leere nicht scheuen. Diese Empfindungen sind nur vorübergehend und werden oft durch kreative Impulse ersetzt, die in jedem Menschen schlummern, bei vielen Menschen allerdings über Jahre vernachlässigt worden und in eine Art Dornröschenschlaf ver-

Fasten bedeutet einen bewußten Verzicht auf ein Stück Außenwelt

fallen sind. Fastenzeit ist ein gute Gelegenheit, sie wiederzuentdecken.

Fasten bringt Freiräume und erschließt verborgene (auch kreative) Kraftquellen

Fastende machen häufig noch eine weitere positive Erfahrung: Durch das Fasten lösen sich innere Verkrampfungen und Beklemmungen viel leichter. Diese unbewußten Vorgänge können noch durch sportliche Betätigung, Wandern und Erleben der Natur, durch Massagen und Bäder unterstützt werden. Denn viele Probleme und Enttäuschungen können mit räumlichem und zeitlichem Abstand ruhiger betrachtet werden. Auch Meditationen und Schweigen erleichtern dem Fastenden die Einkehr nach Innen und die Besinnung auf seine ureigensten Kraftquellen. Meist erlebt man an sich selbst subtile Veränderungen, man findet Ruhe, wird feinfühliger sich selbst und anderen gegenüber und nimmt vieles bewußter und tiefer wahr.

Vielen Mitmenschen wird es immer unverständlich bleiben, wieso »die paar Tage hungern« so viel bedeuten, wieso der andere so stark und gelöst aus der Fastenkur zurückkehrt. Sie werden diese leise innere Wandlung nie verstehen, wenn sie sich nicht auf die Reise begeben und ihre eigene Erlösung während des Fastens erleben.

Die neue Aktualität des Heilfastens

Die Überflußgesellschaft überschwemmt nicht nur den einzelnen mit einer Fülle von Reizen, sondern spiegelt sich auch im Eßverhalten wider: Es wird zu viel, zu süß, zu fett, zu energie- und eiweißreich gegessen. Das Zuviel zeigt sich auch beim Konsum von sogenannten Genußmitteln. All die feinen Extras sind nicht mehr Höhepunkt und Belohnung nach einem erfüllten und arbeitsreichen Tag. Kaffee, Alkohol und Nikotin sind zu Genußgiften geworden, sollen vielerorts Lebensqualität schaffen, wo die stille Freude und der Genuß an etwas Gutem auf der Strecke geblieben sind. Der Körper antwortet darauf mit Alarmsignalen,

mit Unwohlsein, Müdigkeit und organischen Störungen. Von Krankheit und Leid geplagt sucht der Betroffene irgendwann einen Arzt auf mit der Bitte, ihn von seinen Beschwerden zu befreien. Dieser weiß oft gute Medikamente, welche die Symptome bessern, und alles scheint wieder in bester Ordnung zu sein. Der Leidensdruck, der den erkrankten Menschen bewegt hat, ist – vorerst – verschwunden.
Das Ungleichgewicht im Organismus bleibt jedoch, obwohl einzelne Symptome behoben sind, weiter bestehen und äußert sich früher oder später in neuen Beschwerden. Denn die menschliche Natur läßt sich auch durch die neuesten pharmazeutischen Produkte nicht auf Dauer überlisten, sondern fordert eine ganzheitliche Betrachtung des Menschen. Der Kranke muß sich nun entscheiden, ob er weiterhin vor sich selbst und damit vor der eigenen Natur weglaufen will, oder ob er sich an die schwere Arbeit wagt, seinem Körper zu helfen, das aus der Balance geratene gesunde Gleichgewicht wieder herzustellen.
Heilfasten ist dabei eine Möglichkeit, doch sicherlich kein Allheilmittel mit hundertprozentiger Erfolgsgarantie nach einmaliger Anwendung, keine alte, wiederentdeckte Wunderpille, sondern verlangt viel Geduld, Selbstdisziplin und Verzicht. Und vielleicht liegt gerade darin ein wesentliches Erfolgsgeheimnis: Der Kranke erfährt, daß er sich selbst mit festem Willen und der Bereitschaft, sich anzustrengen, aus den Fesseln befreien kann, die ihn krank gemacht haben. Heilung und Gesundung liegen in ihm selbst, er muß sich nur auf die Suche nach dem Schlüssel zum Geheimnis der Gesundheit begeben. Und Fasten kann ein solcher Schlüssel sein.

Die meisten Menschen ernähren sich zu süß und zu fett, zu energie- und eiweißreich. Die Warnsignale des Körpers werden oft mißachtet

Wann ist man zu dick?

»Ich bin zu dick«, diese Feststellung ist manchmal eine äußerst subjektive Behauptung. So manche gertenschlanke Gazelle hat damit schon ihre Mitmenschen überrascht, während sich der moppelige Liebhaber bei Schweinshaxen und Hefebier recht wohl in seiner Leibesfülle fühlt. Für eine objektive Bewertung des

Körpergewichts gibt es mehrere Berechnungsmethoden, von denen Ihnen hier die zwei geläufigsten vorgestellt werden.

Die **Broca-Formel** nimmt als Faustregel zur Bestimmung des Normalgewichts die Differenz aus Körpergröße minus 100:

Broca-Formel:
Körpergröße (in cm) – 100 = Normalgewicht (in kg)

Das *Idealgewicht* wird ermittelt, indem man vom Normalgewicht nochmals 10 Prozent abzieht. Von *Übergewicht* spricht man, wenn das Normalgewicht um 10 Prozent überschritten wird, während *Fettsucht* bei einem Plus von 20 Prozent auf das Normalgewichtes beginnt.

Rechenbeispiel für eine Größe von 1,70 Meter:
Normalgewicht (in kg) = 170 – 100 = 70
Idealgewicht (in kg) = 170 – 100 – (70 x 10 : 100) = 70 – 7 = 63
Übergewicht (in kg) = 170 – 100 + (70 x 10 : 100) = 70 + 7 = 77

Eine etwas kompliziertere Rechenmethode ist der **Body-Mass-Index (BMI)** oder Körpermassenindex (Quetelet-Index). Dieser errechnet sich wie folgt:

$$\textbf{BMI} = \frac{\text{Körpergewicht (in kg)}}{\text{Körpergröße}^2 \text{ (in m)}}$$

Auch hier ein Rechenbeispiel, diesmal für eine Körpergröße von 1,80 m und einem Gewicht von 80 kg:
BMI (in kg/m^2) = $80 : 1{,}8^2 = 80 : 3{,}24 = 24{,}7$

Bewertung des Body-Mass-Index:
18 oder weniger: Tendenz zu Untergewicht
19 bis 25: Normalgewicht
26 bis 30: Übergewicht mit leichten Gesundheitsrisiken
31 und darüber: Fettsucht mit starken Gesundheitsrisiken

Bei übergewichtigen Männern ist das Risiko für Herz- und Gefäßerkrankungen höher als bei Frauen

Doch nicht nur die überflüssigen Pfunde, auch die Veteilung des Körperfetts ist für ein erhöhtes gesundheitliches Risiko ausschlaggebend. Der männliche Fettverteilungstyp mit dem typischen Wohlstandsbauch, also Fettansammlungen im Unterhautfettgewebe am Bauch (im medizinischen Jargon »abdominale Adipositas« oder »Stammfettsucht«), stellt ein Risikofaktor für Herz-Kreislauf-Erkrankungen dar, während die typisch weibliche Fettverteilung mit Fettansatz an den Oberschenkeln offenbar das Risiko für diese Erkrankungen nicht erhöht. Auch hier kann jeder mit dem **Waist-Hip-Ratio** selbst nachmessen, ob er in die Risikogruppe fällt:

$$\textbf{Waist-Hip-Ratio} = \frac{\text{Taillenumfang}}{\text{Hüftumfang}}$$

Bei Frauen ist ein Ergebnis von 0,8 und größer ungünstig, bei Männern beginnt der kritische Bereich bei 1.

Rechenbeispiel für eine Frau mit einem Hüftumfang von 100 cm und einem Taillenumfang von 80 cm:
Waist-Hip-Ratio = 80 cm : 100 cm = 0,8

Übergewicht ist in Deutschland zu einer Volkskrankheit geworden. Einer Erhebung der Deutschen-Herzkreislauf-Präventionsstudie von 1993 zufolge sind 54,9 Prozent der Männer und Frauen zwischen 25 und 69 Jahren übergewichtig (Körpermassenindex > 25 kg/m²). Dabei steigt nach der VERA-Studie der Anteil übergewichtiger Menschen vom jüngeren zum höheren Lebensalter dramatisch an. Während bei den 18-24jährigen lediglich 15 Prozent zu dick sind, finden sich bei den Menschen ab 55 Jahren 50 Prozent mit Übergewicht. Im Alter wird also die Quittung für die jahrelangen falschen Eßgewohnheiten und Bewegungsmangel verteilt. Übergewicht ist zudem häufig nicht das einzige Übel, sondern tritt im Bündel mit anderen Symptomen auf, die allesamt Ausdruck des Stoffwechselungleichgewichts sind. Dazu gehören der Altersdiabetes, auch Diabetes Mellitus Typ II genannt, Bluthochdruck und Fettstoffwechselstörungen. Für das Zusammentreffen dieser Symptome wurde der Name »Metabolisches Syndrom« geprägt, drastischer spricht man manchmal auch vom »tödlichen Quartett«. Mehr zu diesem Themenkreis erfahren Sie im Kapitel »Anwendungsgebiete fürs Heilfasten« (S. 30).

Übergewicht gilt als Ursache für eine Vielzahl von Stoffwechselerkrankungen

Die Ernährungssituation in Deutschland

Kurz und prägnant kann man die Ernährungssituation folgendermaßen umreißen: Die Deutschen essen zu viel, zu fett- und eiweißreich und zu wenig Kohlenhydrate. Natürlich kann man eine gesamte Gesellschaft nicht über einen Ernährungskamm scheren, doch die Zahlen sind mehr als alarmierend. Viele wissen zu wenig über eine gesunde Ernährung und leiden unter den Folgen ihres jahrelangen Fehlverhaltens. Einer der Gründe dafür liegt in der gesellschaftlichen Entwicklung der vergangenen zweihundert Jahre begründet.

Noch gegen Ende des vorigen Jahrhunderts lebte ein Großteil der Bevölkerung nur knapp über dem Ernährungsminimum. Durch die Industrialisierung und später durch die Zunahme von Arbeitsplätzen im Dienstleistungsgewerbe änderten sich die gesamte Arbeits- und Lebenssituation und damit die Ernährungbedürfnisse. Sicher ist das Leben heute nicht einfacher als früher, Streß und Hektik bestimmen unseren Alltag. Doch anstatt wie früher 14 Stunden am Tag auf dem Acker oder in der Fabrikhalle körperliche Schwerstarbeit zu leisten, hangelt sich heutzutage so mancher Arbeitnehmer im warmen Büro hinter dem Schreibtisch durch die 35-Stunden-Woche, um seine Freizeit mit hochgelegten Beinen, Knabberzeug und Bier vor dem Fernseher zu verbringen. Zudem wurden jahrhundertealte Speisenzubereitungen abgelöst durch bleiche Hamburger, fette Pommes, Pizzas und Co. aus der Tiefkühltruhe, die mühelos zu erwerben und beinahe im Vorübergehen schnell verzehrt sind. Je fetter, umso besser schmeckt es ja oft, und die Produktpalette der Lebensmittelhersteller orientiert sich an der Nachfrage. So ist der Zeiger der ernährungsabhängigen Erkrankungen ins Gegenteil umgeschlagen. Während früher Mangelerkrankungen wie Skorbut oder Rachitis häufig waren, bereiten uns heutzutage Wohlstandskrankheiten, die auf einem Zuviel des Guten beruhen, Sorgen und Leid. Zum Glück zeichnet sich bei immer mehr Menschen ein Trend zum Umdenken mit dem Bemühen ab, die Lebensführung als auch die Ernährungsgewohnheiten zu ändern.

Wer sich gesund und an seinen Lebensstil angepaßt ernähren will, kann mittlerweile auf eine Fülle von Literatur zurückgreifen, etwa auf die Ernährungsempfehlungen der Deutschen Gesellschaft für Ernährung (DGE). Demnach sollte der täglich benötigte Energiebedarf zu 10 bis 15 Prozent in Form von Eiweiß, zu 25 bis 30 Prozent mit Fetten und zu 55 bis 60 Prozent mit Kohlenhydraten aufgenommen werden. (Wie Sie die Nährstoffe optimal verteilen, erfahren Sie im Kapitel »Die gesunde Vitalkost«, S. 84.) Tatsächlich lautet das Verhältnis 14 : 40 : 46, wobei der Kohlenhydratanteil bei älteren Menschen sogar bis auf 42 Prozent absinkt. Insbesondere die langkettigen Kohlenhydrate, die reichlich in Vollkornbrot, Gemüse und Obst vorkommen, werden viel zu wenig verzehrt. Das ist nicht verwunderlich, wenn man bedenkt, daß der Brotkonsum in den vergangenen 20 Jahren um 20 Prozent gesunken ist und immer

Früher litten die Menschen an Mangelerkrankungen, heutzutage bringt das Zuviel an allem Krankheit und Leid

mehr helle Brotsorten bevorzugt werden, die förmlich im Mund zerschmelzen. Der hohe Fett- und Eiweißanteil rührt in erster Linie von einer zu hohen Zufuhr von tierischen Fetten her. Diese finden sich nicht nur in Speck und Butter, sondern verstecken sich auch gern in Quark, Sahne, Käse, Fleisch- und Wurstwaren. Deshalb sollte das Geschnetzelte in Sahnesoße auf dem Speiseplan öfter mal ersetzt werden durch einen leckeren Gemüseauflauf oder einen knackigen Salat.
Das Eßverhalten unterscheidet sich nicht nur vom Alter und Geschlecht, sondern wird auch vom sozioökonomischen Status des Verbrauchers beeinflußt. Man konnte feststellen, daß Arbeiter mehr Fleisch- und Wurstwaren und weniger Gemüse und Milchprodukte essen als andere Berufsgruppen. Im Gegensatz zu diesem übermäßigem Konsumverhalten gibt es allerdings auch eine Gruppe, die nicht zuviel, sondern zuwenig ißt. Die Hälfte der jungen Frauen zwischen 15 und 35 Jahren erreicht durch die normale Nahrungsaufnahme nicht die notwendige Energiemenge und nascht dabei viel zu viel Süßigkeiten. So entsteht häufig eine Unterversorgung mit wichtigen Nährstoffen wie Vitaminen und Spurenelementen.

Der Preis für falsche Ernährung

Ernährungsabhängige Erkrankungen verschlingen ein Drittel aller Kosten im Gesundheitswesen

Der Studie »Ernährungsabhängige Krankheiten und ihre Kosten« des Bundesministeriums für Gesundheit zufolge verursachten 1990 allein in den alten Bundesländern die ernährungsabhängigen Krankheiten mit 83,5 Millarden Mark nahezu ein Drittel aller Kosten im Gesundheitswesen. Einen Löwenanteil dieser Gelder verschlingen die Herz-Kreislauf-Erkrankungen (32,9 Millarden Mark), gefolgt von Karies (20,2 Millarden Mark) und Tumoren (9,6 Millarden Mark). Ferner werden Diabetes, Alkoholismus, Leber-, Gallenblasen- und Bauspeicheldrüsenerkrankungen, Fettstoffwechselstörungen, Lebensmittelinfektionen und Schilddrüsenstrumata genannt.
Allein 64,4 Prozent aller Sterbefälle werden unter der Überschrift »ernährungsabhängig« geführt. Dabei stehen die Herz-

Kreislauf-Erkrankungen mit 43,8 Prozent wiederum an der Spitze, gefolgt von 15,7 Prozent durch bösartige Tumore. Zum Vergleich: An der vieldiskutierten und gefürchteten Immunschwäche Aids starben nur 0,2 Prozent – was sicherlich immer noch zuviel ist, jedoch gegenüber den ernährungsabhängigen Todesverursachern verschwindend gering erscheint. Und trotzdem wissen viele wahrscheinlich besser, wie sie sich vor dem HIV-Virus schützen als vor der immens größeren Gefahr, die Tag für Tag durch falsche Ernährung entsteht.

Kapitel 2

Auszüge aus der Physiologie der Ernährung

Zusammensetzung der Ernährung im Überblick

Durch eine ausgewogene Ernährung versorgen wir den Körper mit folgenden Nährstoffgruppen:

- mit *Kohlenhydraten*, die die Hauptenergiequelle für den Körper darstellen;
- mit einer Mindestmenge an *Eiweißen* (ca. 1 g Eiweiß pro kg Körpergewicht und Tag). Vor allem die lebensnotwendigen essentiellen Aminosäuren, die der Organismus nicht selbst synthetisieren kann, müssen regelmäßig mit Nahrungsproteinen zugeführt werden. Eiweiße (Proteine) werden zum Aufbau und zur Regeneration der Körperzellen und zur Bildung von Enzymen und Hormonen benötigt;
- mit einem Mindestbedarf an *Fetten*. Fette sind die einzige Quelle für lebenswichtige (essentielle) Fettsäuren, die im Stoffwechselgeschehen nicht gebildet werden können und deshalb mit der Nahrung aufgenommen werden müssen;
- mit *Ballaststoffen*, die eine wichtige Rolle bei den Verdauungstätigkeiten spielen und den körpereigenen Energiehaushalt, den Kohlenhydrat- und Fettstoffwechsel regulieren;
- mit *Vitaminen*, *Mineralstoffen* und *Spurenelementen*, die eine Schlüsselstellung bei der Steuerung der Stoffwechselvorgänge einnehmen;
- mit einer ausreichenden Menge des »Lebenselixiers« *Wasser*.

Grundlagen des Stoffwechsels

Was versteht man eigentlich unter dem Begriff Stoffwechsel? Stoffwechsel (Metabolismus) bezeichnet die gesamten Vorgänge des Abbaus und der Umwandlung von Substanzen sowie des Zerfalls und Ersatzes der Körperbestandteile. So gehören Ernährung, Verdauung und Energieproduktion ebenso zum Stoffwechsel wie die Regeneration und das Absterben von Körperzellen. Dieses komplexe Gebiet läßt sich verständlicherweise kaum knapp vermitteln, weshalb im Rahmen dieses Buches nur einige wichtige Punkte skizziert werden können.

Um leben zu können, muß der Mensch seinen Grundenergiebedarf decken, der sich je nach körperlicher Belastung erhöhen kann. Diese Energiemenge setzt sich aus den folgenden drei Grundnahrungsstoffen oder Makronährstoffen Kohlenhydrate, Fett und Eiweiß zusammen. Im Idealfall werden 55 bis 60 Prozent der täglich benötigten Energie aus Kohlenhydraten gewonnen, 25 bis 30 Prozent aus Fetten und 10 bis 15 Prozent aus Eiweiß. Bei großen körperlichen Anstrengungen sollte mehr Fett zugeführt werden, um dem erhöhten Energiebedarf gerecht zu werden. Im Stoffwechselgeschehen wird aus der Nahrung Energie gewonnen und in den Mitochondrien der Muskel- und Leberzellen in Muskelarbeit und Wärme umgesetzt. Die Mitochondrien werden deswegen auch als »Kraftwerke der Zelle« bezeichnet. Denn zur Gewinnung von Energie werden hier Fette und Kohlenhydrate vollständig in ihre Bestandteile zersetzt, das heißt zu CO_2 und Wasser abgebaut. Allein Eiweiße (Proteine) können nur bis zur Stufe des Harnstoffs aufgespalten werden, welcher über den Urin ausgeschieden wird. Ein Teil der Nährstoffe wird daneben zum Aufbau körpereigener Gewebe und Stoffe benutzt.

Der Energiebedarf wird durch die drei Makronährstoffe Kohlenhydrate, Fett und Eiweiß gedeckt

Normalerweise halten sich Energiezufuhr über die Nahrung und Energieverbrauch die Waage. Dafür sorgen körpereigene Regulationsmechanismen im zentralen Nervensystem, genauer im Hypothalamus, der Schaltstelle des Gehirns für vegetative Funktionen. Ist dieses System des Körpers im Gleichgewicht, verpürt man Hunger, wenn der Körper Energie benötigt, und fühlt sich satt, sobald genügend Nahrung aufgenommen wurde. Bei typisch westlicher Ernährung ist dieses Gefühl jedoch bei vielen Menschen verlorengegangen. Die Ursachen dafür sind zum einen in einer Nahrungszusammensetzung aus zuviel Fett und Eiweiß und zum anderen in Bewegungsmangel zu suchen. Häufig erfolgt eine zusätzliche Energiezufuhr über Alkohol, der zwar sehr kalorienreich ist, aber keine oder nur sehr wenig Nährstoffe besitzt. Die Folgen sind Mangelerscheinungen und natürlich Übergewicht.

Ein Zuviel an Fett, Eiweiß und Alkohol verursacht Übergewicht und sogar Fettsucht

Denn zuviel aufgenommene Energie wird vom Organismus für magere Zeiten in Form von Triglizeriden in den Fettzellen gespeichert. Und die Aufnahmefähigkeit der Fettzellen ist beachtlich: sie können ihr Volumen bis zum Achtfachen des Ausgangszustandes vergrößern. Vor allem überschüssige Fette werden, da diese vom Körper nicht mehr umgewandelt werden müssen, besonders leicht in den Fettzellen deponiert. Daneben gibt es mehrere Wege, Fette aus der Nahrung zu den Fettzellen zu transportieren. Entweder werden die Triglizeride direkt aus dem Verdauungstrakt von den Epithelzellen des Dünndarms resorbiert und erreichen über das Lymphsystem den Blutkreislauf. Ein kleinerer Teil gelangt über die Pfortader zur Leber und kann bei Überbelastung der Stoffwechsel- und Transportkapazitäten zu einer Verfettung der Leberzellen führen. Werden Fettsäuren zur Energiegewinnung benötigt, werden sie in den Mitochondrien der Zellen in energiereiche Adenosintriphosphorsäure (ATP) umgesetzt. Ist der Energiebedarf gesättigt, werden auch diese überflüssigen Fettsäuren mit dem Blut zu den Fettzellen transportiert und dort gespeichert. Eine Deponierung von 100 Kalorien im Fettgewebe führt zu einer Gewichtszunahme von etwa 13 g.

Stoffwechselumstellungen während des Fastens

Die richtige Fastenmethode deckt die Grundbedürfnisse des Organismus. Während des Fastens werden zwar Vitamine, Mineralstoffe und Flüssigkeit in ausreichender Menge, aber keine Energielieferanten von außen zugeführt werden. Diese sollen ja schließlich aus den körpereigenen Depots gelöst werden. Und genau an dieser Stelle setzt eine erfolgreiche Fastentherapie an. Denn um die Versorgung der Organe zu gewährleisten, muß der Blutzuckerspiegel über einem Mindestniveau gehalten werden. Dafür stellt der Körper durch faszinierende, fein abgestimmte Regelkreisläufe auf eine »Ernährung von innen« um, das heißt er bezieht die benötigte Energie aus seinen eigenen Speichern. Diese wird neben kleineren Glykogenspeichern, die einen raschen Energieschub sichern, vor allem aus den Fettspeichern gewonnen. Aber auch Glykoproteinkomplexe aus Kohlenhydraten und Eiweißen, die in der Zellschicht an der Innenfläche der Blut- und Lymphgefäße (in den sogenannten Endothelzellen) und in der Schicht zwischen dem Bindegewebe und der Zellen (in der sogenannten Basalmembran) eingelagert sind und den Stoffaustausch behindern, werden zur Energiegewinnung herangezogen. Diese Umstellung dauert einige Tage, wobei folgende Stufen durchlaufen werden:

Während des Fastens schaltet der Körper durch faszinierende Regelmechanismen auf eine Ernährung von innen um

Zunächst werden die Kohlenhydratreserven (Glykogene) aus der Leber und dem Muskelgewebe verbraucht. Diese können zu Einfachzucker (Glukose) aufgespalten werden und versorgen den Körper für circa 24 Stunden mit Energie. Allmählich werden auch eingelagerte Eiweiße (Proteine) in Aminosäuren zerlegt und dann in Zucker umgewandelt. Dabei werden zunächst pro Tag bis zu 150 g Proteine, teilweise aus Zelltrümmern und Glykoproteinen, zum Teil auch aus Muskelgewebe, abgebaut. Im Laufe der Stoffwechselumstellung schränkt der Körper den Proteinverlust jedoch auf bis zu 20 g/Tag ein. Da Proteine aber relativ schnell umgewandelt werden, empfiehlt sich während des Fastens ein leichtes Trainingsprogramm, um dem Abbau der Muskulatur entgegenzuwirken. Schließlich greift der Körper auf seine Fettreserven zurück, etwa 150 g Fett pro Tag dienen dann der Gewinnung von Energie. Dabei werden neben

Glukose auch Ketonkörper, die normalerweise beim Fettsäureabbau entstehen, gebildet. Ketonkörper können als Energielieferanten zunächst nur von den Muskeln verwendet werden, erst im Laufe der Stoffwechselumstellung kann auch zur Versorgung anderer Organe auf Ketonkörper zurückzugriffen werden. Einzig die roten Blutkörperchen (Erythrozyten) müssen während der gesamten Fastenzeit mit Glukose versorgt werden.

Mit leichtem Sport kann man dem Muskelabbau beim Fasten entgegenwirken

Die durch jahrelange falsche Ernährung angelegten Fettspeicher beginnen ab dem zweiten bis vierten Fastentag zusammenzuschmelzen. Die Gewichtsreduktion bei Nulldiät beträgt in der ersten Woche etwa 13 Prozent, nach etwa 30 Tagen bis zu 21 Prozent des Ausgangsgewichts. Diese Zahlen klingen gut, doch der Abbau körperlicher Reserven hat auch seine Grenzen: ein Verlust von mehr als 40 bis 50 Prozent der Körpermasse kann vom Organismus nicht verkraftet werden, ist also lebensgefährlich. Länger als 40 Tage sollte daher nicht gefastet werden. Es ist außerdem unbedingt empfehlenswert, eine Heilfastenkur unter ärztlicher Aufsicht durchzuführen. Und das aus mehreren Gründen:

Durch die beim Fettabbau entstehenden Ketonkörper steigt der Blutfettspiegel auf ein Vielfaches seines normalen Wertes an. Da Ketone außerdem sauer reagieren, wird das Säure-Basen-Gleichgewicht des Körpers gestört und der ph-Wert des Blutes sinkt (metabolische Azidose), was gefährliche Auswirkungen haben kann. Diese vermehrt anfallenden Säuren muß der Körper über die Niere ausscheiden, um einer Übersäuerung des Blutes und des Gewebes entgegenzuwirken. Die Säureausschwemmung kann vor allem durch viel Trinken unterstützt werden. Für Menschen mit Nierenfunktionsstörungen ist vor Beginn einer Fastenkur die Rücksprache mit einem erfahrenen Fastenarzt also unerläßlich.

Die Anreicherung der Ketonsäuren behindert daneben die Ausscheidung einer weiteren Säure: der Harnsäure. Erreicht die

Bitte beachten Sie
Während einer Fastenkur werden beim Abbau der körpereigenen Fettdepots im Übermaßen Säuren gebildet, die als Stoffwechselgifte mit dem Urin ausgeschieden werden müssen, um das Säure-Basen-Gleichgewicht des Körpers nicht zu gefährden. Achten Sie also während der Fastenzeit auf genügende Flüssigkeitszufuhr. Empfehlenswert sind 2 bis 3 Liter täglich. Falls Sie unter Nierenfunktionsstörungen oder Gicht leiden oder zu erhöhten Harnsäurespiegeln neigen, sollten Sie eine Heilfastenkur nur nach Absprache mit Ihrem behandelnden Arzt oder unter ärztlicher Aufsicht durchführen.

Durch den Abbau der körpereigenen Fettdepots werden vermehrt Säuren gebildet, die das Säure-Basen-Gleichgewicht stören und zu schmerzhaften Reaktionen führen können

Konzentration von Harnsäure einen kritischen Wert, fällt sie in kleinen Uratkristallen im Gewebe aus und verursacht schmerzhafte Entzündungen. Dieser Vorgang wird im allgemeinen Sprachgebrauch als akuter Gichtanfall bezeichnet. Vor allem Menschen, deren Harnsäurespiegel bereits vor der Fastenkur erhöht ist, neigen während Fastenkuren zu Gichtanfällen. In diesen Fällen empfiehlt sich eine medikamentöse Vorbeugung mit harnsäurehemmenden Präparaten, etwa mit Allopurinol.
Neben diesen Umstellungsproblemen, die unbedingt unter ärztliche Betreuung gehören, kann es in den ersten Tagen einer Fastenkur zu kleineren Unpäßlichkeiten kommen wie Schweißausbrüchen, Herzrasen und Müdigkeit. Diese Symptome sind auf einen zu niedrigen Blutzuckerspiegel zurückzuführen, rasche Abhilfe schafft eine kleine Zuckerzufuhr, etwa ein Teelöffel Honig.
Doch schließlich hat Fasten vor allem positive Wirkungen. Erhöhte Blutdruckwerte und die Cholesterin- und Triglyzeridspiegel sinken, auch die Blutzuckerwerte pendeln sich auf einem niedrigen Niveau ein. Da Kaffee während des Fastens oft nicht schmeckt, kann übermäßiger Kaffeekonsum zurückgeschraubt werden. Eine Fastenkur bietet sich außerdem dazu an, sich das

Rauchen abzugewöhnen. Der Gewichtsverlust entlastet das Herz und die Gefäße, und mit den überflüssigen Pfunden und dem Fett schwindet auch das Risiko für Herzinfarkt und Schlaganfall. Durch den Abbau der Glykoproteinablagerungen wird der Stoffaustausch im Zellgewebe verbessert, Giftstoffe können besser ausgelöst und abtransportiert werden. Vor allem Rheumatiker profitieren vom Fasten durch einen Rückgang der entzündlichen Aktivität (siehe dazu auch S. 43). Das Zusammenwirken all dieser Vorgänge erklärt, daß sich viele Menschen nach dem Fasten wie neu geboren fühlen.

Tip: Kommt es in den ersten Fastentagen zu Schweißausbrüchen oder Herzrasen, hilft meist schon ein Löffel Honig

Kapitel 3

Anwendungsgebiete fürs Heilfasten

Fasten kann aus verschiedenen Gründen angesagt sein. Ein Mensch kann fasten, weil er abnehmen will, weil er seine Ernährung umstellen und vorher den Körper von überflüssigem Ballast und Stoffwechselgiften befreien möchte. Er kann fasten, weil er sich müde und überarbeitet fühlt und neue Kraftquellen erschließen möchte. Er kann fasten, weil er mit einem Problem nicht weiterkommt und durch eine neue Erfahrung Gedankenanstöße und innerliches Weiterkommen erhofft. Er kann fasten, weil es ihm gut tut oder einfach aus Freude am Entdecken der eigenen Möglichkeiten und Grenzen.

Fasten ist eine Therapie für viele Erkrankungen. Man spricht dann von Heilfasten

Von Heilfasten spricht man, wenn der zeitweilige Nahrungsverzicht zur Vorbeugung vor oder als Therapie bei bestimmten Erkrankungen eingesetzt wird. Diese Fastentherapie sollte in letzteren Fällen möglichst nach einem Gespräch mit dem behandelnden Arzt oder unter ärztlicher Aufsicht, vielleicht sogar in einer Heilfastenklinik durchgeführt werden. Denn der radikale Nahrungsentzug kann auch Schwierigkeiten und Fragen mit sich bringen, die mit einem erfahrenen Fachmann behoben und geklärt werden müssen.

Man unterscheidet zwischen vorbeugendem und heilendem Fasten. Vorbeugend empfehlen sich Fastenkuren bei ernährungsbedingten Problemen und Unregelmäßigkeiten des Stoffwechselgleichgewichts, zum Beispiel bei Bluthochdruck (Hypertonus). Diese Störungen verursachen an sich noch keine Beschwerden, gleichen jedoch einer Zeitbombe, die früher oder später explodiert. Von heilendem Fasten spricht man, wenn eine bereits bestehende Erkrankung, die Beschwerden

verursacht, zumindest zeitweise gebessert wird (zum Beispiel Rheuma). Die Entstehungsmechanismen der häufigsten Störungen und die positiven Auswirkungen des Heilfastens erfahren Sie auf den folgenden Seiten.
Bei bestimmten Gegebenheiten muß jedoch von einer Heilfastentherapie abgeraten werden. Zu diesen Kontraindikationen gehören schwere organische oder psychische Erkrankungen, bei denen Fasten den Gesundheitszustand sogar verschlechtern kann. Daneben sollten weder Kinder noch Jugendliche oder alte Menschen fasten. Auch während der Schwangerschaft oder Stillzeit braucht der Körper ausreichend Nährstoffe, weshalb sich eine Heilfastenkur nicht eignet.

Herz-Kreislauf-Erkrankungen

Jeder kann sein persönliches Risiko, an einer Herz-Kreislauf Erkrankung zu sterben, aktiv verringern

Herz-Kreislauf-Erkrankungen zählen in Deutschland zu den häufigsten und bedrohlichsten Krankheitsbildern und fordern jährlich viele Todesopfer (siehe auch S. 20). Die Forschung konnte eine Reihe von Faktoren ermitteln, wonach sich jeder sein persönliches Risikoprofil erstellen kann. Daneben stehen jedem Möglichkeiten offen, die Entstehung von kardiovaskulären Erkrankungen, also von Herz und Gefäßen, aktiv herabzusetzen – richtiges Fasten ist eine davon.
Zu den Herz-Kreislauf-Erkrankungen zählen der arterielle Bluthockdruck (wiederholte Werte über 160/95), Erkrankungen der Herzkranzgefäße (koronare oder ischämische Herzkrankheit) mit ihren Hauptmanifestationsformen Angina pectoris, Herzinfarkt, Linksherzinsuffizienz, Herzrhythmusstörungen und plötzlicher Herztod, und schließlich Durchblutungsstörungen der Hirngefäße mit Folgen wie Schlaganfall und die arterielle Verschlußkrankheit.

Wie entstehen Herz-Kreislauf-Erkrankungen?

Um zu verstehen, wieso sich Fasten günstig auf vielerlei Krankheitsbilder auswirkt, ist es wichtig, die Entstehungsmechanis-

Indikationen fürs Heilfasten

Bei folgenden gesundheitlichen Beschwerden oder Störungen des Stoffwechselgleichgewichts empfiehlt sich eine Heilfastenkur:

- Bluthochdruck (Hypertonus)
- Altersdiabetes (Diabetes mellitus)
- gestörte Glukosetoleranz
- erhöhte Blutcholesterinwerte (Hypercholesterinämie)
- krankhafte Fettleibigkeit (Adipositas)
- Herz-Kreislauf-Erkrankungen
- Störungen des Bewegungsapparates
- Migränekopfschmerzen
- Hautprobleme
- Verdauungsbeschwerden
- Atemwegserkrankungen
- psychosomatische Störungen

Kontraindikationen fürs Heilfasten

Bei folgenden Krankheiten, in der Schwangerschaft und bestimmten Altersgruppen muß von einer Heilfastenkur abgeraten werden:

- schwere Allgemeinerkrankungen (Leber- und Nierenfunktionsstörungen, Krebs)
- schwere Herzerkrankungen
- Eßverhaltensstörungen (Anorexia nervosa = Magersucht, Bulimie = Freßsucht)
- schwere psychische Erkrankungen (dekompensierte Psychosen wie Depressionen oder Manien, schwere Neurosen, Borderline-Störungen)
- Magen- und Zwölffingerdarmgeschwüre
- schwere Schilddrüsenüberfunktion
- Untergewicht
- Schwangerschaft und Stillzeit
- alte Menschen, Kinder, Jugendliche

Die Hauptursache für Gefäß- und Herzerkrankungen ist Arteriosklerose

men von Herz-Kreislauf-Erkrankungen und ihre Risikofaktoren kennenzulernen. Hauptursache für diese Gruppe von Krankheiten ist die Arteriosklerose (Atherosklerose) oder Arterienverkalkung. Schon die von der World Health Organisation (WHO) gegebene Definition läßt erahnen, daß sich hinter diesem Begriff ein sehr komplexer Mechanismus und verschiedene Auslöser verbergen:

> *Atherosklerose ist eine variable Kombination von Veränderungen der Intima, bestehend aus herdförmiger Ansammlung von Fettsubstanzen, komplexen Kohlenhydraten, Blut und Blutbestandteilen, Bindegewebe und Kalziumablagerungen, verbunden mit Veränderungen der Arterienmedia.*

Eine arteriosklerotisch veränderte Arterie hat im Gegensatz zu einem gesunden Blutgefäß keine zarte und glatte Innenschicht (= Intima), ihre Innenwand ist rauh, aufgebrochen, unregelmäßig und die Gefäßlichtung ist eingeengt. Könnte man diese mit den bloßen Fingern berühren, würde man knubbelige, harte Bereiche fühlen. Diese rauhen Stellen verringern nicht nur die Elastizität der Blutgefäße, sie behindern auch den Blutfluß, wodurch sich Ablagerungen und Thromben bilden. Im Extremfall ist die Gefäßlichtung irgendwann so verstopft, daß das dahinter gelegene Gewebe nicht mehr versorgt werden kann und abstirbt, was man als Infarkt bezeichnet.

Wie entsteht nun Arteriosklerose? Zuerst wandern aus dem Blut Freßzellen (Makrophagen) durch die innerste Zellschicht der Gefäße (das Endothel) in die Intima und binden dort ebenfalls aus dem Blut in die Gefäßinnenschicht gelangtes Cholesterin. Die Makrophagen speichern das Cholesterin und werden dadurch zu sogenannten Schaumzellen, die sich zu fettartigen Lipidflecken zusammenlagern. Diese Lipidflecken regen ortsständige glatte Muskelzellen zum Wachstum an, wodurch im Laufe der Zeit Ablagerungen oder fibröse Plaques entstehen. Die wuchernden Muskelzellen beginnen nun,

Grundsubstanz sowie Kollagene und elastische Fasern zu bilden. Die Plaques wachsen und engen die Lichtung der Arterie (das Lumen) ein. Blutplättchen (Thrombozyten) bleiben an diesen starren, verengten Stellen besonders leicht hängen und werden in die veränderte Arterienwand eingelagert. Wenn kleinere Arterien betroffen sind, kommt es durch die dauerhafte Verengung des Blutkanals (Stenose) zu einer Sauerstoff-Minderversorgung des dahinter gelegenen Gewebes, insbesondere in den Herzkranzgefäßen, den Nierenarterien und den Hirnbasisarterien. In der Herzmuskulatur bemerkt man diese Minderversorgung allerdings erst ab 70 bis 80 Prozent. Hauptsymptome sind dann Schmerzen in der Brust (Angina pectoris), häufig verbunden mit Luftnot. In der Bauchschlagader und den großen Becken- und Beinarterien können die Gefäßwände, die durch die Ablagerungen unelastisch und porös geworden sind, dem Blutdruck nicht mehr standhalten. Es bilden sich hier häufig Ausbuchtungen an der geschädigten Arterie und geschwürige Wandaufbrüche. Durch Stenosen in den Beinarterien wird die stark beanspruchte Beinmuskulatur schlechter durchblutet, was sich zuerst durch Schmerzen beim Gehen äußert (arterielle Verschlußkrankheit, Schaufensterkrankheit).

Wenn die Gefäßlichtung arteriosklerotisch eingeengt ist, kommt es zu Sauerstoffmangel in den dahinter gelegenen Geweben

Cholesterin – Freund und Feind des Menschen

Ein Faktor, der maßgeblich zur Entwicklung einer Arteriosklerose beiträgt, ist eine erhöhte Cholesterin-Konzentration im Blut. Doch obwohl oft nur von den gesundheitsschädlichen Wirkungen des Cholesterin gesprochen wird, ist diese fettähnliche Substanz lebenswichtig und wird unter anderem zur Bildung von Hormonen, Gallensäuren und von Vitamin D_3 und zum Aufbau der Zellmembranen benötigt. Ohne Cholesterin würde der Organismus also nicht funktionieren, wichtig ist allerdings, daß der Cholesterinspiegel im Blut auf Dauer nicht erhöht ist.

Das für die Körperfunktionen benötigte Cholesterin wird zu

Der Körper stellt 60 Prozent des benötigten Cholesterins selbst her, der Rest muß mit der Nahrung zugeführt werden

60 Prozent vom Körper selbst hergestellt, die restlichen 40 Prozent müssen über die Nahrung zugeführt werden. Wenn nun zu cholesterinreich gegessen wird, steigt trotz mehrerer Gegensteuerungs- und Ausgleichsversuche des Körpers der Blutcholesterinspiegel. Trotzdem weisen einige Menschen, die sich sehr fettreich ernähren, überraschend gute Blutwerte auf, während andere selbst durch strenge Diäten nicht von ihren erhöhten Cholesterinspiegeln herunterkommen. Das liegt daran, daß der Fettstoffwechsel ein recht komplexer und störanfälliger Mechanismus ist. Die verschiedenen Reaktionen, die den Fettstoffwechsel steuern, greifen ineinander wie viele feine Zahnräder – bereits ein winziger Fehler in diesem Räderwerk beeinflußt das ganze System. Daneben hat die Forschung eine Reihe genetischer Faktoren entdeckt, die den Fettstoffwechsel beeinflussen. Bestimmte dieser Normabweichungen treten so häufig auf, daß mehr als die Hälfte der Deutschen mindestens eine davon aufweist. Bei stärkerer Ausprägung und Zusammentreffen mehrerer dieser Voraussetzungen sind die Cholesterinwerte auch bei gesunder Ernährung erhöht, man spricht dann von einer Fettstoffwechselstörung.

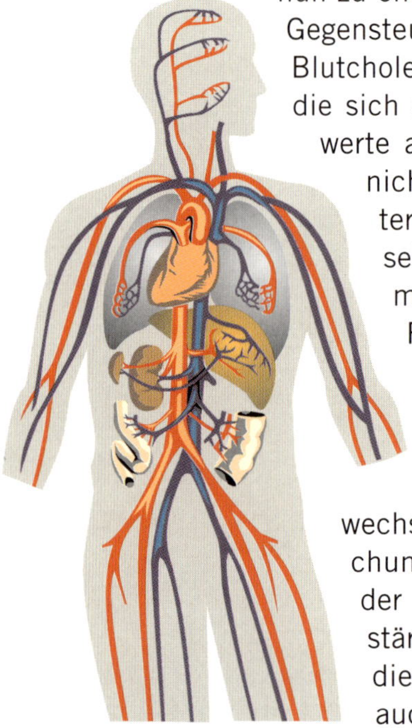

Der Hauptrisikofaktor für Herz-Kreislauf-Erkrankungen ist ein Verschluß der großen Arterien durch Verkalkung

Cholesterin ist im Blut nicht löslich und wird deshalb an Transportmoleküle (Lipoproteine) gebunden, vornehmlich an das LDL (Low Density Lipoprotein) und das VLDL (Very Low Density Lipoprotein). Von den im Blut vorkommenden Lipoproteinen sind, neben dem Gesamt-Cholesterin, in erster Linie diese LDL-Varianten an der Entstehung von Arteriosklerose beteiligt. Neben LDL, das ein wichtiger Parameter bei der Beurteilung der Blutfettwerte darstellt, findet sich Cholesterin auch in HDL-Molekülen (High Density Lipoproteine). Dieses HDL transportiert freies Cholesterin aus dem Gewebe, reguliert somit den Fetthaushalt und schützt vor Arteriosklerose.

Zusammensetzung der Blutfette – Risikoausgrenzung
Aus der individuellen Zusammensetzung der Blutfette in Cholesterin, LDL, VLDL und HDL kann eine recht genaue Aussage darüber getroffen werden, wie hoch das Risiko für Arteriosklerose ist. Bei Gesamtcholesterinwerten von weniger als 200 mg/dl, LDL kleiner als 150 mg/dl und HDL größer als 35 mg/dl besteht kein Grund zur Sorge. Bei einem Gesamtcholesterinspiegel von 250 mg/dl ist das Infarktrisiko dagegen bereits doppelt so hoch, bei 300 mg/dl sogar um ein Vierfaches erhöht. Neben diesen absoluten Werten ist auch das Verhältnis vom ungünstigen LDL und dem schützenden HDL entscheidend. Ein Quotient des Gesamtcholesterins : HDL-Cholesterin von unter 4,0 ist als günstig, von über 4,5 ist als ungünstig anzusehen.

Der Blutcholesteringehalt kann zum größten Teil über die Ernährung gesteuert werden. Daneben gibt es einige genetische Defekte, die nur wenig durch Diäten zu beeinflussen sind. So ist bei der familiären Krankheit Hypercholesterinämie der LDL-Rezeptor beschädigt, der dabei hilft, das Cholesterin aus dem Blut zum Abbau in die Leber weiterzuleiten. Die cholesterinbeladenen LDL-Moleküle stauen sich wie vor einem schlecht besetzten Grenzübergang – und der Cholesterinspiegel im Blut steigt. In diesem Falle ist eine Einstellung mit Medikamenten unerläßlich.

Cholesterin wird im Blut an LDL- und HDL-Moleküle gebunden und zu den Zellen transportiert

Wer ist besonders gefährdet für Arteriosklerose?

Beginnende arteriosklerotische Veränderungen finden sich erstaunlicherweise sogar schon bei Kindern und Jugendlichen, ganz verschont scheint davon niemand zu bleiben. Doch gibt es Menschen, bei denen die Gefäßveränderungen schon früh ein Ausmaß erreichen, das Leid und Tod bringt, während andere zeitlebens keine Beschwerden spüren. Doch wie hoch ist die

Risikofaktoren für Arteriosklerose

Unbeeinflußbare Risikofaktoren:	Beeinflußbare Risikofaktoren erster Ordnung:	Beeinflußbare Risikofaktoren zweiter Ordnung:
• familiäre Veranlagung • männliches Geschlecht • höheres Lebensalter	• Fettstoffwechselstörung (Gesamtcholesterin sollte < 200mg/dl und LDL-Cholesterin < 120 mg/dl sein) • Tabakkonsum • Bluthochdruck • Diabetes mellitus	• Übergewicht (30 Prozent und mehr über dem Normalgewicht nach Broca, siehe S. 16) • Bewegungsmangel • emotioneller Streß

Das Risiko für Arteriosklerose potenziert sich: Bei zwei Risikofaktoren erhöht sich das Herzinfarktrisiko um ein Vierfaches, bei drei sogar um ein Zehnfaches

Neigung jedes einzelnen, an Arteriosklerose und ihren Folgestörungen zu erkranken?
In verschiedenen Forschungsarbeiten konnten Risikofaktoren, die zur Entstehung einer Arteriosklerose beitragen, herausgearbeitet werden (siehe Tabelle oben). Ein großer Teil dieser Faktoren ist durch vernünftige Lebensführung positiv zu beeinflussen. Wer jedoch bei einer Neigung zu Herz-Kreislauf-Erkrankungen wider besseren Wissens so weiterlebt wie bisher, spielt Russisches Roulette mit seiner Gesundheit. Denn sind zwei Risikofaktoren erster Ordnung vorhanden, erhöht sich das Herzinfarktrisiko um ein Vierfaches, bei drei Risikofaktoren verzehnfacht sich das Risiko sogar. (Einen Fragebogen, mit dem Sie Ihr persönliches Risikoprofil bestimmen können, finden Sie im Anhang, S. 94.)

Das Metabolische Syndrom – Musterbeispiel einer Wohlstandskrankheit

Es gibt eine recht komplexe Stoffwechselstörung, die in Entwicklungsländern, die innerhalb kurzer Zeit Ernährung und Lebensstil umgestellt haben, nahezu explosionsartig zugenommen hat und in den Industrieländern seit längerer Zeit bekannt ist: Das Metabolische Syndrom, auch Wohlstandssyndrom oder Syndrom X genannt. Damit bezeichnet man ein Zusammentreffen von gestörter Blutzuckerregulation (Diabetes mellitus Typ II beziehungsweise abnormale Glucosetoleranz), von stammbetonter Fettsucht (Adipositas), von Bluthochdruck (Hypertonus) und einer Fettstoffwechselstörung (Hyperlipoproteinämie). Wegen seiner eindeutigen Beschleunigung der Arteriosklerose und somit als Risikofaktor für Herz-Kreislauf-Erkrankungen wird das Metabolische Syndrom auch manchmal als das »tödliche Quartett« bezeichnet.

Das Metabolische Syndrom ist eine komplexe Stoffwechselstörung

Etwa 15 bis 30 Prozent der Menschen in den Industrienationen sind vom Metabolischen Syndrom betroffen. Zwar spielt auch hier die genetische Veranlagung eine entscheidende Rolle, die bei gesunder Lebensführung jedoch nicht zum Tragen kommt. Anders sieht es allerdings aus, wenn man durch ungesunde Ernährung das fein abgestimmte Stoffwechselgleichgewicht ins Schwanken bringt. Der Entstehung des Metabolischen Syndroms beruht vor allem auf Störungen des Körperstoffwechsels, der wiederum stark vom Blutzuckerhaushalt und damit von einem sehr sensiblen Regulationsmechanismus abhängt: dem Insulin-Stoffwechsel.

Unser Organismus braucht Zucker (Glukose) vor allem als Energielieferanten. Damit die Blutzuckerkonzentration nicht zu stark schwankt, werden vom Körper Insulin und Glukagon ausgeschüttet. Diese beiden lebenswichtigen Hormone werden in den Inselzellen der Bauchspeicheldrüse gebildet. Den blutzuckersenkenden Part übernimmt dabei das Insulin, das bei hohen Blutzuckerspiegeln, etwa nach dem Essen, in den Blutkreislauf abgegeben wird. Daneben bewirkt Insulin den Aufbau von Proteinen und Speicherfett. Glukagon ist der Gegenspieler des Insulins. Es erhöht den Blutzuckerspiegel und sichert somit die ausreichende Versorgung des hochgradig glucosebedürftigen Gehirns auch zwischen den Mahlzeiten. Als normal

Die Hormone Insulin und Glukagon halten den Blutzuckergehalt im Blut in bestimmten Schwankungsbereichen konstant

gilt ein Nüchternblutzucker von 70–100 mg/dl, ebenso ein Anstieg bis auf 140 mg/dl zwei Stunden nach dem Essen.
Die blutzuckersenkende Wirkung von Insulin beruht darauf, daß die Glukoseaufnahme in Muskeln, Fettgewebe und Leber erleichtert und beschleunigt wird. Man kann sich diesen Vorgang bildlich vorstellen: Es gibt an Muskel- und Fettzellen eine Eingangstür für die Blutglukose. Ohne Insulin läßt sich diese nur einen Spalt weit öffnen, mit Insulin schwingt sie weit auf – der Zuckergehalt im Blut sinkt. Dieser Mechanismus wird über spezifische Verbindungsstellen in der Zellmembran vermittelt, den sogenannten Insulin-Rezeptoren.
Nun besteht bei einigen Menschen eine leichte Insulinresistenz, das heißt, auch bei Bindung an den Insulin-Rezeptor schwingt die Tür nicht ganz auf. Diese kleine genetische Schwachstelle fällt jedoch erst auf, wenn mit der Nahrung laufend zuviel Energie aufgenommen wird und durch die nur halb geöffnete Tür nicht der gesamte Blutzucker in die Zelle gelangen kann. Da der Blutzuckerspiegel nicht auf seinen Normalwert sinkt, werden wiederum höhere Dosen Insulin ausgeschüttet. Zuviel Insulin bewirkt jedoch, daß die Zellen die Zahl ihrer Insulinrezeptoren senken. Weniger Insulinrezeptoren verringern wiederum die Glukoseaufnahme der Zellen. Ein Teufelskreislauf entsteht, der zu immer höheren Blutzucker- und Insulinspiegeln führt. Hinzu kommt, daß ein hoher Insulinspiegel Hunger verursacht. Aus dieser gefährlichen Spirale gibt es nur einen Ausweg: durch Diät muß Übergewicht reduziert werden, wodurch die Insulinresistenz abnimmt und der Blutzuckerspiegel sinkt, die Zahl der Insulinrezeptoren wieder steigt und das Hungergefühl abnimmt. Den Teufelskreislauf zu durchbrechen ist Fasten eine sehr geeignete Methode.

Herz-Kreislauf-Erkrankungen können durch eine Umstellung der Ernährung günstig beeinflußt werden

Ein Großteil der Herz-Kreislauf-Erkrankungen kann durch eine Ernährungsumstellung günstig beeinflußt werden. Ein Ansatzpunkt ist die Senkung des Cholesterinspiegels (siehe dazu auch S. 35), wofür meist nur zwei einfache Ernährungsregeln zu beachten sind: Essen Sie weniger tierische Fette und Eier, und ersetzen Sie tierische Fette möglichst immer durch mehrfach ungesättigte pflanzliche Fettsäuren, verwenden Sie beispielsweise hochwertige Pflanzenöle anstatt Butter oder Schmalz zum Kochen. Es gibt auch Hinweise darauf, daß insbesondere aufgebrühter (nicht gefilterter) Kaffee den Cholesterinspiegel nach oben treibt. Eine wertvolle Unterstützung, den Cholesterinhaushalt zu regulieren, sind Ballaststoffe, die reichhaltig in Getreideprodukten und in Gemüse enthalten sind. Studien zufolge sinkt durch eine Regulierung des Cholesterinhaushalts das Risiko, an einer Herz-Kreislauf-Erkrankung zu versterben, um zwei bis drei Prozent.

Außerdem wirkt sich Abnehmen günstig auf das Risikoprofil aus. Die Gewichtsreduktion entlastet das Herz und die Gefäße, und eine Insulinresistenz, der Hauptauslöser für das Metabolische Syndrom, wird durchbrochen. Wenn Sie zusätzlich an Bluthochdruck leiden, empfiehlt sich gleichzeitig eine kochsalzarme Diät. Heilfasten-Kuren bieten die Möglichkeit zum Neubeginn und empfehlen sich als Einstieg für eine langfristige Ernährungsumstellung. Richtlinien für eine ausgewogene Ernährung erhalten Sie im Kapitel »Die gesunde Vitalkost«, Seite 84.

Erkrankungen des rheumatischen Formenkreises

Unter Erkrankungen des rheumatischen Formenkreises versteht man etwa 180 entzündliche Systemkrankheiten, deren Ursprung noch nicht endgültig geklärt ist. Doch gleichgültig, ob sie entzündlicher Natur sind oder als Muskelbeschwerden auftreten – eines haben diese Krankheiten gemeinsam: den Schmerz. Zu den rheumatischen Erkrankungen zählen zunächst einmal Gelenkentzündungen oder rheumatoide Arthritis (chronische Polyarthritis). Von dieser häufigen Rheumaform sind vorwiegend Frauen um die Vierzig betroffen, insgesamt etwa ein Prozent der Bevölkerung. Die Arthritis beginnt meist mit unspezifischen All-

Unter dem Begriff Rheuma faßt man gemeinhin schmerzhafte Veränderungen des Muskel-Skelett-Systems zusammen

gemeinsymptomen wie Abgeschlagenheit, leichte Temperaturerhöhung und Morgensteifigkeit in den Gelenken. Später kommen symmetrische Schmerzen und Schwellungen vorzugsweise in den Fingergrundgelenken hinzu.

Eine weitere große Gruppe des rheumatischen Formenkreises stellen die sogenannten seronegativen Spondylarthritiden dar, die sich durch Entzündungen der Wirbelgelenke äußern. Die bekannteste Krankheit dieser Untergruppe ist die ankylosierende Spondylitis oder auch Morbus Bechterew genannt. An Morbus Bechterew leiden bevorzugt Männer zwischen 20 und 40 Jahren, insgesamt sind etwa ein bis zwei Prozent der Bevölkerung betroffen. Typisch dafür sind Kreuzschmerzen in der Nacht, die unter Umständen von weiteren Gelenkbeschwerden und Sehnenentzündungen begleitet sind.

Typisch für die Bechterewsche Erkrankung im Anfangsstadium sind nächtliche Kreuzschmerzen

Autoimmunphänomen – Wenn sich der Körper selbst attakiert

Das Immunsystems des Körpers lernt während seiner Entwicklung, körpereigene von körperfremden Zellen zu unterscheiden. Dieses Wissen wird lebenslang erweitert und umgesetzt, indem mit Hilfe von speziellen Antikörpern körperfremde Substanzen bekämpft und körpereigene geschont werden. Ohne diesen fein ausgeklügelten Abwehrmechanismus müßte der Mensch an einem banalen Schnupfen oder einer infizierten Hautschürfwunde hilflos zugrundegehen. Dem gleichen Prinzip unterliegt auch die Autoimmunkrankheit, mit dem Unterschied, daß hier das körpereigene Abwehrsystem fehlgeleitet wird und nun auch körpereigene Zellen für Eindringlinge hält, die bekämpft werden müssen. Diese Zerstörungsaktionen gehen in der Regel mit einer Entzündung einher. Bei der rheumatoiden Arthritis beispielsweise wird die Gelenkschleimhaut, bei den Kollagenosen das Bindegewebe angegriffen, und ein Attacke auf Bestandteile der Gefäßwand führt zu einer Vaskulitis (Gefäßentzündung).

Entstehung von Rheuma

Über die Gründe, warum jemand an Rheuma erkrankt, gibt es noch keine eindeutigen Aussagen, die Ursachen sind so vielfältig wie die Erscheinungsformen. Fest steht allerdings, daß einige Menschen eine höhere erbliche Veranlagung besitzen, die an bestimmten Erkennungsmerkmale der Körperzellen (Antigenstrukturen) nachgewiesen werden kann. Auch Erkrankungsfälle in der Familie sprechen für eine genetische Disposition. Zudem wird bei Rheumakranken oft eine Fehlsteuerung des körpereigenen Abwehrsystems festgestellt (Autoimmunphänomen). Es gibt einige Theorien, wie es zu diesen Reaktionen kommt. So können Viren bestimmte Abwehrzellen, die eine Autoimmunreaktion bremsen, außer Gefecht setzen. Ein anderer Ansatz geht davon aus, daß Bakterien eine Körperzelle derart verändern, daß sie vom Abwehrsystem nicht mehr als zum Körper gehörig erkannt und zerstört wird.

Die Auslöser von Rheuma sind noch nicht eindeutig identifiziert

Wirkung des Heilfastens bei Rheumakranken

Die Stoffwechselumstellung beim Fastens scheint die Entzündungen, die fast immer Ursache der teilweise heftigen Rheumaschmerzen sind, günstig zu beeinflussen. Daneben berichten viele Rheumatiker, daß während einer Fastenkur nicht nur Schmerzen gelindert werden, sondern auch Gelenkschwellungen zurückgehen. Um diese Wirkungen zu verstehen, ist es wichtig, die Entzündungsvorgänge zu kennen.

Während des Fastens geht die Entzündungsaktivität nachweisbar zurück

Eine Entzündung kann exogene, das heißt von außen in den Körper eindringende, oder endogene Ursachen, die im Körper selbst liegen, haben. Zu den Auslösern zählen Minderdurchblutung und Sauerstoffmangel (Hypoxie), physikalische (Hitze, mechanische Reibung), chemische (ätzende Substanzen) und biologische Einflüsse (Bakterien, Viren, Pilze) oder auch Autoimmunphänomene. Im Entzündungsfeld werden als Reaktion auf diese störenden Faktoren spezielle Botenstoffe (Mediatoren) ausgeschüttet, die den Entzündungsprozeß beschleunigen.

Ein Grundbaustein dieser Mediatoren ist die Arachidonsäure. Dies ist eine hochungesättigte Fettsäure, die ausschließlich mit tierischen Nahrungsmitteln aufgenommen wird und somit durch die Ernährung gesteuert werden kann. Und das ist vor allem für Rheumatiker oder Menschen, die zu entzündlichen Beschwerden neigen, von Bedeutung. Denn je weniger Arachidonsäure dem Körper zugeführt wird, umso weniger steht ihm zur Bildung von Entzündungsmediatoren zur Verfügung. Mit der in den westlichen Ländern weitverbreiteten fleischreichen Kost werden täglich zwischen 200 und 400 mg Arachidonsäure aufgenommen, der tatsächliche Bedarf liegt allerdings nur bei 0,1 mg! Bei akuten Entzündungen empfiehlt sich daher eine Heilfastentherapie. Beim Fasten wird gar keine Arachidonsäure mit der Nahrung aufgenommen, demzufolge sinkt der Arachidonsäurespiegel im Blut rasch. So sinken die Entzündungsparameter (Blutsenkungsgeschwindigkeit, Leukozytenzahl, Rheumafaktor, C3, C4), die sich bei Blutuntersuchungen feststellen lassen.

Doch genauso schnell, wie die Beschwerden durch eine Fastendiät gelindert werden, stellen sie sich bei erneutem übermäßigem Fleischkonsum wieder ein. Wenn im Anschluß an das Heilfasten also nicht auf eine vegetarische oder zumindest fleischarme Ernährung umgestellt wird, sind die Erfolge des Heilfastens beim Rheumatiker nur von kurzer Dauer.

Tierische Fette enthalten viel Arachidonsäure, die Entzündungsprozesse beschleunigt

Im Gegensatz zu früher wird heute jedoch nicht mehr eine streng vegetarische, sondern eine laktovegane Kost empfohlen. Bei strengem Vegetarismus besteht die Gefahr zu Kalzium-, Eiweiß- oder Eisenmangel und demzufolge zu Anämie (Blutarmut) oder Osteoporose (Knochenschwund). Bei einer laktoveganen Ernährungsweise sind neben pflanzlichen Nahrungsmitteln auch Milch und Milchprodukten erlaubt. Dabei sind wiederum die fettarmen Artikel vorzuziehen, die genauso viel Kalzium enthalten wie die Vollprodukte, aber durch die Fettreduktion weniger Arachidonsäure. Daneben zeigen große Mengen Vitamin C eine entzündungshemmende Wirkung.

Migräne

Die Migräne zählt zu den chronischen Kopfschmerzformen. Etwa jeder Fünfzigste leidet unter Migräne, wobei Frauen häufiger als Männer und junge Menschen wiederum häufiger als ältere betroffen sind. Typisch für die Migräne ist der halbseitige starke, als pulsierend oder hämmernd beschriebene Kopfschmerz, der Stunden oder bis zu ein oder zwei Tage andauern kann. Migräneanfälle kehren meist periodisch wieder und durchlaufen oft, aber nicht obligat, drei Phasen: zunächst das Prodromalstadium mit individuell unterschiedlichen Warnsymptomen wie etwa Hyperaktivität, Heißhunger oder depressiven Verstimmungen. Dem folgt die sogenannte Aura, die von verschiedenen neurologischen Störungen begleitet sein kann, zum Beispiel von Augenflimmern und Kribbelgefühlen, in Einzelfällen auch von Sprachstörungen oder kurzzeitigen Lähmungserscheinungen. Im Anschluß entsteht ein halbseitiger Kopfschmerz, der mit Erbrechen, Licht- und Geräuschempfindlichkeit, Durchfällen und Herzrasen verbunden sein kann. Das Anfallsende zeichnet sich durch ein erhöhtes Schlafbedürfnis, Durstgefühl und vermehrtes Wasserlassen aus.

Der Migänekopfschmerz beschränkt sich auf eine Kopfhälfte und ist häufig mit Übelkeit verbunden

Beim Migränekopfschmerz unterscheidet man drei Formen: die einfache Migräne mit den typischen Kopfschmerzen, aber ohne neurologische Begleiterscheinungen, die klassische Migräne mit kurzdauernden neurologischen Funktionsstörungen und die komplizierte Migräne, die sich dadurch auszeichnet, daß die neurologischen Einschränkungen den Kopfschmerz um Stunden bis Tage überdauern. Insbesondere die komplizierte Migräne gehört in ärztliche Behandlung, da sich dahinter eine hirnorganische Erkrankung verbergen kann.

Zur Therapie der Migräne stehen neben Ruhe und Reizabschirmung verschiedene Medikamente zur Verfügung: Bei akuten Anfällen haben sich schmerzstillende Analgetika (z. B. Acetyl-Salicylsäure, Paracetamol), Antiemetika gegen die Übelkeit (z. B. Metoclopramid) und Ergotaminderivate bei schweren Attacken bewährt. Zur Prophylaxe einer erneuten Attacke können Beta-Blocker, Kalzium- oder Serotonin-Antagonisten oder Ergotaminderivate eingesetzt werden. Obwohl in der Medizin also schon eine Reihe von Präparaten zu Verfügung steht, gibt es trotzdem einige Patienten, denen damit nur unzureichend geholfen werden kann und die unter häufig wiederkehrenden, schweren Kopfschmerzattacken leiden.

Wie entsteht Migräne?

Die Entstehung des Migränekopfschmerzes wird durch eine Fehlregulation der Hirngefäße hervorgerufen

Die Entstehung der Migränekopfschmerzen ist noch nicht bis ins letzte geklärt. Es gilt jedoch als gesichert, daß die Migräne auf einer Fehlregulation der Hirngefäße beruht. Normalerweise weiten sich die Hirngefäße autonom, um die Durchblutung des Gehirns auch bei Blutdruckschwankungen konstant zu halten. Während einer Migräneattacke verengen sich die Blutgefäße im

Schädel. Diese initiale Vasokonstriktion wird von einer verstärkten Durchblutung abgelöst. Was diese Dysregulation auslöst, konnte bislang noch nicht genau erforscht werden, es gibt allerdings einen Anhaltspunkt: 24 Stunden vor einem Migräneanfall steigt die Konzentration eines Gewebshormons und Botenstoffs im Gehirn (dem Serotonin) stark an, dessen Abbauprodukt 5-Hydroxy-Indolessigsäure dann in der Schmerzphase vermehrt mit dem Urin ausgeschieden wird. Daneben werden psychologische Faktoren in Zusammenhang mit Migräne gebracht, unter anderem werden Persönlichkeitsmerkmale wie Perfektionismus, Ehrgeiz und Unsicherheit genannt.
Ein Migräneanfall wird durch bestimmte Umstände ausgelöst oder zumindest begünstigt, die auch als Trigger-Faktoren bezeichnet werden (aus dem Englischen: trigger = auslösen). Diese Faktoren sollte jeder Migränepatient individuell für sich herausfinden und versuchen, mit einer Veränderung der Lebensführung die Häufigkeit von Kopfschmerzattacken zu senken. Eine Zusammenstellung der häufigsten Ursachen finden Sie in der nachfolgenden Tabelle.

Trigger-Faktoren für Migräneanfälle

Beeinflußbare Auslöser:
- zuviel oder zuwenig Schlaf
- physischer Streß
- sensorischer Streß (Lärm, Gerüche, Lichtreize)
- diätetische Faktoren

Nicht beeinflußbare Auslöser:
- endokrin-hormonelle Veränderungen (zum Beispiel kurz vor der Regelblutung)
- Witterungseinflüsse

Ernährungstherapie für Migränepatienten

Während es zu Beginn einer Heilfastentherapie häufig zu einer Migräneattacke kommt, berichten viele Patienten, daß diese im Laufe der Kur sowohl an Intensität als auch an Häufigkeit abnehmen. Auch Patienten, denen eine medikamentöse Einstel-

Zu Beginn des Fastens kann es zu einer Migräneattacke kommen, der eine längeranhaltende Anfallsfreiheit folgt

lung vorher nicht viel Linderung gebracht hat, erleben durch Fasten eine Besserung, in manchen Fällen verschwinden die Kopfschmerzen sogar völlig. Dieses Phänomen ist schwer zu erklären. Man nimmt jedoch an, daß Heilfasten eine allgemeine Ordnungstherapie ist, bei der dem Körper die Gelegenheit gegeben wird, sozusagen Urlaub von den täglichen Verdauungsaufgaben zu machen und mit der eingesparten Energie Fehlfunktionen auszugleichen. Defekte Enzyme können ersetzt und eine eventuell bestehende Übersäuerung des Gewebes abgebaut werden. Sicherlich tragen auch die heilsamen seelischen Wirkungen des Heilfastens ihren Teil dazu bei, insbesondere wenn die Fastenkur außerhalb des Alltags, beispielsweise in einer Klinik mit entsprechendem Rahmenprogramm, durchgeführt wird: Streß wird abgebaut, neue Konfliktlösungsstrategien entwickelt, ein neues inneres Gleichgewicht gefunden und die Eigenverantwortlichkeit für die eigene Gesundheit bestärkt.

Allergische Haut- und Atemwegserkrankungen

Allergien sind Überreaktionen des Körpers auf bestimmte Stoffe oder Reize

Auch Patienten mit allergischen Problemen profitieren vom Heilfasten. Eine der häufigsten Hauterkrankungen, die unter dem Namen Neurodermitis eine traurige Bekanntheit erlangt hat, ist das atopische Ekzem. Dieser stark juckende Hautausschlag tritt oft bereits im Kleinkindesalter auf und zeichnet sich dadurch aus, unter gewissen äußeren wie inneren Umständen immer wieder aufzutreten. Atopisch bezeichnet eine angeborene Überempfindlichkeit gegen bestimmte Stoffe oder Reize (Allergene). Kommt eine dazu veranlagte Person mit Allergenen in Kontakt, kommt es zu anaphylaktischen, das heißt schnell ablaufenden allergischen Reaktionen. Diese stellen gewissermaßen eine Abwehrreaktion des Körpers dar, im Fall von Allergien allerdings auch gegen Substanzen, die für den Menschen eigentlich nicht gefährlich sind, wie zum Beispiel Blütenpollen.

Bitte beachten Sie

Um die Hautporen nicht zu verschließen, sollte während einer Heilfastenkur grundsätzlich auf fetthaltige Cremes und Salben verzichtet werden. Fragen Sie bei speziellen Hautproblemen Ihren behandelnden Arzt. Viel Aufenthalt an der frischen Luft und Sonne unterstützen daneben die günstigen Fastenwirkungen. Viele Patienten freuen sich nach einer Fastenkur an einem frischeren und reineren Teint und einer rosigeren Hautfarbe.
Auch wenn sie oft sehr unter den juckenden Hautausschlägen leiden, sollten Kinder nicht fasten, da sich ihr Körper noch im Aufbau befindet und deshalb mit allen Nährstoffen versorgt werden muß.

Im Immunsystem werden nach dem Kontakt mit dem Allergen spezifische Antikörper gebildet (speziell sogenannte IgE-Zellen), die an weißen Blutkörperchen (Gewebsmastzellen und Blutbasophile) gebunden sind. Bei erneutem Antigenkontakt werden aus diesen Zellen dann das Gewebshormon Histamin und andere Botenstoffe ausgeschüttet, welche die allergischen Reaktionen, manchmal in Sekunden- oder Minutenschnelle, auslösen. Diese können sich in Asthma bronchiale, in Heuschnupfen (allergische Rhinokonjunktivitis), in Neurodermitis und in Nesselsucht (Urtikaria) äußern.
Während des Heilfastens kommt es teilweise zu einem schnellen Abheilen der atopischen Ekzeme. Dieser Erfolg wird verständlich, wenn man allergische Hauterkrankungen aus naturheilkundlicher Sicht betrachtet: Bei Stoffwechselstörungen versucht der Körper, das gestörte Gleichgewicht durch Ausscheidungen über die Haut wieder ins Lot zu bringen. Und gerade in der Ausbalancierung des Körpergleichgewichts liegt das Geheimnis von Fastenkuren. Ein japanischer Arzt berichtet in einer Veröffentlichung sogar davon, daß sich eine schwere chronische Urtikaria, die zuvor nur auf hochdosierte Kortison-Behandlung angespro-

Fastentherapien helfen dem Körper, Stoffwechselungleichgewichte auszubalancieren, die sich häufig in Hautausschlägen manifestieren

chen hatte, ab dem dritten Fastentag deutlich besserte und am 11. Tag völlig verschwunden war. Allerdings traten die Symptome bei normaler Ernährung wieder auf. In diesen Fällen liegt der letzte Ausweg in oft aufwendigen allergologischen Tests, um eventuelle Nahrungsmittelunverträglichkeiten aufzudecken. Eine Methode ist, die betroffenen Nahrungsmittel oder Inhaltsstoffe einfach wegzulassen und nach einem halben Jahr die Unverträglichkeit erneut zu testen (sogenannte Ausschlußdiät).

Störungen des Verdauungssystems

Auch bei verschiedenen Erkrankungen des Verdauungssystems kann eine Heilfastentherapie Linderung bringen. Angefangen beim Magen über den Dünn- und Dickdarm, aber auch die Leber, Bauchspeicheldrüse und Gallenblase sowie die Gallengänge werden beim Fasten von ihren täglichen Aufgaben befreit und haben Gelegenheit, sich zu regenerieren oder chronische Entzündungen auszuheilen. Vor Beginn einer Fastentherapie empfiehlt sich aber immer die Rücksprache mit einem Arzt, da bei bestimmten Verdauungserkrankungen die Diät abgewandelt muß. Menschen mit Entzündungen des Magens oder des Zwölffingerdarms sollten während der Fastenzeit Reis- oder Haferschleim zu sich nehmen. Magen- oder Zwölffingerdarmgeschwüre müssen vor dem Fasten außerdem ausgeheilt sein, durch eine medikamentöse Therapie kann dem Wiederauftreten vorgebeugt werden.

Fasten bedeutet Urlaub für alle Verdauungsorgane, die sich in dieser Zeit regenerieren können

Bei chronischer Verstopfung liegt häufig ein Teufelskreis von Veranlagung, falschen Gewohnheiten und einer die Symptome eher noch verschlimmernden regelmäßigen Einnahme von Abführmitteln vor. Ein Gutteil trägt die Ernährung bei. Durch ballaststoffarme Kost, eine Überlastung der Verdauungsorgane mit zuviel Fleisch und durch zu geringe Flüssigkeitszufuhr verläuft der Nahrungstransport durch den Darm sehr träge, was oft noch durch Bewegungsmangel verstärkt wird. Leider greifen die Betroffenen dann lieber zu Abführmitteln, anstatt bei der Ursache ihrer Beschwerden anzusetzen. Zwar bringt die Abführhilfe zunächst Erleichterung, doch führt sie häufig zu Mineralstoffverlusten und verstärkt damit langfristig die Darmträgheit, anstatt sie zu bessern. Ohne Abführmittel geht nun gar nichts mehr.

Durch eine Heilfastenkur wird diese unheilvolle Kette von Beschwerden und falsche Behandlung unterbrochen. Schon vorab führen Einläufe zu einer gründlichen Darmreinigung. Während der Fastenzeit wird der Darm von seinen Verdauungsaufgaben befreit, wodurch sich Ausbuchtungen, die durch lange im Darm gestaute Kotballen entstanden sind, zurückbilden können und der Darm etwas von seiner früheren Elastizität wiedergewinnt. Für Menschen, die unter Verstopfung leiden, ist eine Kostumstellung nach Beendigung des Heilfasten dringend angeraten, wollen sie nicht nach ein paar Wochen die gleichen Probleme wie zuvor haben. Die Fastenzeit bietet Gelegenheit für eine intensive Ernährungsberatung, ebenso kann die vielleicht im Alltag verlorengegangenen Freude an sportlicher Betätigung und Bewegung an der frischen Luft wiederentdeckt werden.

Einläufe ermöglichen eine gründliche Darmreinigung und erleichtern das Ausscheiden von Giftstoffen

Kapitel 4

Heilfasten richtig gemacht

Auf den letzten Seiten haben Sie viel über die Tradition des Heilfastens, seine Wirkungen auf den Körper und den Geist und seine kurative Kraft erfahren. In diesem Kapitel finden Sie nun praktische Tips und Anleitungen, wie Sie zu Hause eine Fastenkur richtig planen und was während des Fastens zu beachten ist. Ein wichtiges Thema stellt außerdem das Fastenbrechen und die richtige Kost nach dem Fasten dar. Denn wenn Sie nach der Fastenzeit wieder in Ihre alten Ernährungsgewohnheiten zurückfallen, können die Erfolge, die Sie mit dem Fasten erzielt haben, schnell zunichte sein.

Vorab gilt noch ein wichtiger Punkt klarzustellen: Heilfasten ist nicht gleichzusetzen mit Hungern! Wenn Sie bereits die eine oder andere Diät ausprobiert haben, kennen Sie sicher dieses unangenehme Gefühl in der Magengegend. Dieser Frust bleibt Ihnen beim Heilfasten erspart. Denn schon nach kurzer Zeit verschwindet ein anfängliches Hungergefühl und weicht einem zufriedenen Hochgefühl. Fasten ist also keine Nulldiät, sondern beinhaltet im ursprünglichen Sinne hauptsächlich Verzicht auf feste Nahrung, während der Flüssigkeits-, Vitamin- und Mineralstoffbedarf des Körpers durch Getränke gedeckt wird. Sehr schlanke Menschen sollten jedoch eine modifizierte Fastenart wählen, die den Körper zumindest mit einem Minimum an Kalorien versorgt.

Fasten ist keine Nulldiät. Beim richtigen Fasten verspürt man außerdem keinen Hunger

Während des Fastens bezieht der Organismus seine Energie aus den körpereigenen Nahrungsdepots. Diese Reserven sind sogar schneller abrufbar, als wenn die Energie erst nach zeit- und kraftraubender Verdauungsarbeit aus der Nahrung gewon-

nen werden müßte. Der Fastenstoffwechsel mobilisiert Kraft und Leistung also relativ schnell (siehe dazu auch »Stoffwechselumstellungen während des Fastens«, S. 25). Vor Beginn einer Fastenkur sollte sich jeder Fastenwillige die Frage beantworten: »Warum will ich eigentlich fasten?« Wie Sie in den ersten Kapiteln dieses Buches erfahren haben, lassen sich die gesundheitlichen Aspekte des Fastens auf zwei wesentliche Punkte reduzieren: Will ich vorbeugend fasten, oder will ich mit einer Stoffwechselumstellung eine Krankheit kurieren?

Fasten, um gesund zu bleiben

Regelmäßige Fastentage verringern bestimmte Gesundheitsrisiken und geben dem Organismus die Gelegenheit, Störungen auszugleichen

Wie schon erwähnt, kann jeder gesunde Mensch präventiv, das heißt vorbeugend fasten. Die Kur hat dann den Charakter einer Prophylaxe, um sich im Vorfeld vor Krankheiten zu schützen. Während des Fastens wird der Stoffwechsel von Ernährung von außen auf Energiegewinnung von innen umgestellt, die entgiftende Wirkung befreit den Organismus von unnützen Ballast- und Schlackenstoffen und verringert dadurch die Gefahr für Stoffwechselstörungen, die wiederum langfristig zu Erkrankungen führen können.

Wie der Fastenarzt Otto Buchinger 1947 formulierte, sollte jeder, der etwas für seine Gesundheit tun will, alle ein bis zwei Jahre vorbeugend fasten, um Krankheiten zu verhüten. Heute sieht man den Zusammenhang zwischen Fasten und Krankheitsverhütung differenzierter und spricht davon, daß sich durch präventives Fasten bestimmte Risikofaktoren beseitigen oder zumindest minimieren lassen. Denn Krankheiten liegt meist ein Bündel von möglichen Ursachen zugrunde. Dabei sollte man bedenken: Risikofaktoren addieren sich nicht, sie potenzieren sich! Fasten ist eine wirkungsvolle Methode, relativ viele solcher Faktoren abzubauen. Von Ausnahmen abgesehen, bedarf die präventive Form des Heilfastens nur selten einer ärztlichen Betreuung.

Gefahrloses Fasten

Fasten kann grundsätzlich jeder. Um gesundheitliche Risiken auszuschließen, müssen allerdings folgende Punkte unbedingt beachtet werden:

- die Kontraindikationen, das heißt Umstände, die Fasten ausschließen (siehe S. 33) und
- die methodischen Notwendigkeiten, das heißt die richtige Vorbereitung und Durchführung.

Fasten, um gesund zu werden

Bei bereits bestehenden Erkrankungen oder Stoffwechselstörungen empfiehlt sich Fasten als therapeutische Methode: als sogenanntes Heilfasten. Durch das Fasten wird der Organismus in die Lage versetzt, seine Selbstheilungskräfte wieder zu aktivieren. Dabei wird die Stoffwechselveränderung als »Medizin« für viele, insbesondere chronische Leiden genutzt, wie in den vorausgegangenen Kapiteln ausführlich beschrieben wurde.

Eine Heilfastenkur kann grundsätzlich selbständig durchgeführt werden, wenn keine schwere Erkrankung vorliegt und nicht mit größeren Problemen oder Fastenkrisen gerechnet werden muß. Einige Patienten sind jedoch, besonders vor der ersten Fastenkur, unsicher und fühlen sich mit dem Heilfasten in den eigenen vier Wänden überfordert. In diesem Fall empfiehlt sich ein vorbereitendes klärendes Gespräch mit dem behandelnden Arzt. Ihr Arzt kann sicherlich am besten beurteilen, ob Sie in der Lage sind, die Fastentage in eigener Regie durchzuführen, oder ob ein Aufenthalt in Fastenklinik angebracht ist. Bestimmte Fastenformen, zum Beispiel die reine Nulldiät oder die Schroth-Kur, sollten möglichst immer unter ärztlicher Anleitung und Aufsicht in einer Fachklinik durchgeführt werden.

Wollen Sie zu Hause heilfasten, können Sie sich von Ihrem Hausarzt betreuen lassen

Alte Fastenmethoden neu aufgelegt

Fasten steht sowohl in religiösen und kulturellen Bräuchen als auch in der Medizin in einer langen Tradition und wurde von verschiedenen Persönlichkeiten entwickelt und geprägt (siehe dazu auch »Fasten in der Medizin« S. 10). Im wissenschaftlich orientierten 19. Jahrhundert wurde bereits auf die therapeutische Wirkung von Ernährungsumstellungen verwiesen und die Idee des Fastens oder Teilfastens verfolgt. Doch erst ab der Jahrhundertwende hat sich Fasten als gesundheitsfördernde Therapie etablieren können. Auf den nächsten Seiten finden Sie die klassischen Fastenmethoden, die auch heute noch angewandt werden, kurz vorgestellt.

Die Schroth-Kur

Die Schroth-Methode ist kein reines Fasten: Wein und Semmeln anstatt Wasser und Brot

Der Landwirt Johann Schroth entwickelte Mitte des letzten Jahrhunderts eine Teilfasten-Diättherapie, bei der Reis-, Grieß- und Hafergerichte sowie altbackene Semmeln erlaubt sind. Verschiedene Teesorten werden zur Darmentspannung und naturreiner, dünner Wein als konzentrierter Energielieferant und gleichzeitiger »Stimmungsaufheller« eingesetzt.

Die typische Schroth-Kur kennzeichnet sich dadurch aus, daß sogenannte Trocken- und Trinktage abgewechselt werden. Nach Schroths Erfahrungen erzielt man mit diesem Konzept eine extrem hohe Entwässerungsrate und eine optimale Reinigungswirkung. Bis heute wird die Schroth-Kur in bekannten Kurkliniken angeboten. Für zu Hause im Alleingang ist diese Diät allerdings nicht zu empfehlen.

Das Kneippsche Ernährungskonzept

Für Sebastian Kneipp, Pfarrer und Befürworter einer ganzheitlichen Sichtweise des Menschen, stellte gesunde Ernährung mit naturbelassener Vollwertkost einen Eckpfeiler seines Gesundheitskonzepts dar. Fastentage empfahl Kneipp bei Stoffwechselstörungen, Gasansammlungen im Darm und bei Übergewicht.

Pfarrer Kneipp in der Sprechstunde. Kneipp war ein großer Befürworter der Fastentherapie

Die Buchinger Heilfastenkur

Die heute am weitesten verbreitete Heilfastenform basiert auf den Therapievorschlägen, die Otto Buchinger Anfang unseres Jahrhunderts entwickelt hat. Methodisch ist das Buchinger Heilfasten ein betont individuelles Konzept. Das heißt, die einzelnen Maßnahmen werden dem Lebensalter, den biologischen Möglichkeiten und den therapeutischen Notwendigkeiten des Fastenden angepaßt.

Im Gegensatz zum reinen kalorienlosen Wasserfasten dürfen beim Buchinger-Fasten Kohlenhydrate sowie Vitamine, Mineralien und Spurenelemente über die typischen Fastengetränke (insgesamt 2 bis 3 Liter pro Tag) zugeführt werden. Dazu gehören Fruchtsäfte und Kräutertees, die abwechselnd mit Gemüsesäften und Gemüsebrühen getrunken werden. Der Speise- oder besser Flüssigkeitsplan kann so auf die subjektiven Bedürfnisse und Vorlieben des Fastenden abgestimmt werden. Fasten nach der Buchinger Methode dauert zwischen ein und drei Wochen. In Reinform sollte die Diät nur mit ärztlicher Betreuung durchgeführt werden, da es durch die Stoffwechselumstellung zu einer erhöhten Säureproduktion kommt.

Die zwei Eckpunkte des Buchinger Heilfastens: vitamin- und mineralstoffreiche Getränke, körperorientiertes Begleitprogramm

Die Mayr-Kur

Die Mayr-Kur beruht auf drei Säulen: Darm-Schonung durch Teefasten, Darm-Säuberung durch ausleitende Verfahren und Schulung im richtigen Eßverhalten

Auch der Arzt Franz-Xaver Mayr (1875 bis 1965) erkannte schon früh den Zusammenhang zwischen falscher Ernährung und der Entstehung bestimmter Krankheiten. Oberstes Ziel seiner Fastentherapie war die Ernährungsumstellung im Sinne einer Vitalkost. Während des Fastens sollte der Körper einerseits entschlackt, andererseits sollte in dieser Zeit der Grundstein für neue, vernünftige Eßgewohnheiten gelegt werden.
Voraussetzung dafür ist eine durchgreifende Stoffwechselumstellung, die nur durch striktes Fasten erreicht werden kann. Die Regeneration der über viele Jahre strapazierten Verdauungsorgane sah Mayr daher als wichtigste therapeutische Maßnahme an. Um die Entschlackung zu fördern, spielen in Mayrs Konzept ausleitende Verfahren zur Darmreinigung eine besonders wichtige Rolle. Die Ausscheidung von Stoffwechselschlacken wird durch salinische Wässer unterstützt, zusätzlich kann die Darmtätigkeit durch manuelle Bauchmassagen angeregt werden. Für die Kur an sich empfahl Mayr als Schwerpunkt das Teefasten, das allerdings – je nach Gesundheitszustand des Patienten – mit einer Milch-Semmel-Diät oder Milchdiät plus zusätzliche Eiweißgaben ergänzt werden kann.

Die richtige Einstellung zum Fasten

Für den Erfolg beim Fasten ist ein fester Wille wichtig, denn ganz ohne Disziplin geht es nicht

Auch wenn jetzt schon viel von der Geschichte des Fastens, von den verschiedenen Methoden und dessen Wirkung auf den Stoffwechsel die Rede war, dürfen, bevor Sie zur Tat schreiten, ein paar ehrliche Bemerkungen und ergänzende Anregungen rund ums Fasten nicht fehlen. Denn wenn man eine Fastenkur ernsthaft durchführen will, kommt man bei allen positiven Wirkungen und Erwartungen um einige – wenn auch wenige – Verbote nicht herum.
Das strikte Einhalten des Eßverbotes sollte der oberste Fastengrundsatz sein, an dem nicht zu rütteln ist. Denn jeder Bissen

Getränkekuren

Schonender als reines Wasserfasten

Im Gegensatz zum reinen Wasserfasten, der radikalsten Fastenform, sind bei anderen Getränkekuren geringe Kalorienmengen in Form von Kohlenhydraten erlaubt oder sogar erwünscht, um beim Fasten auftretende Unterzuckerung abzufangen. Zu solchen schonenden Fastenformen zählen:

Saft-, Tee- und Brühefasten:
Dabei sind zwei Liter Wasser beziehungsweise Mineralwasser, je ein viertel Liter Frucht- oder Gemüsesaft, Kräutertee (nur leicht mit Honig gesüßt) und Gemüsebrühe erlaubt. Durch den Frucht- und Gemüseanteil wird der Körper auch während des Fastens nicht nur mit einer geringen Menge Kohlenhydraten, sondern auch mit Vitaminen und Mineralstoffen versorgt.

Getreideschleimfasten für Magenempfindliche:
Bei dieser Fastenkur werden täglich gut zwei Liter Wasser oder Mineralwasser und zusätzlich noch ein Getreidesud aus Hafer-, Reis- oder Leinsamenschleim (dreimal täglich ein viertel Liter davon) getrunken.

Molkefasten:
Molke ist die Flüssigkeit, die sich bei der Käsegewinnung aus der Milch gewinnen läßt. Molke ist cholesterinfrei, enthält aber neben Milchzucker auch Eiweiß, Mineralien und Vitamine. Der Stickstoff- und Eiweißhaushalt gerät somit auch bei längerem Fasten nicht aus dem Gleichgewicht. Bei dieser Getränkekur werden ein bis eineinhalb Liter Molkesaft mit ein bis eineinhalb Liter diverse Kräutertees oder Mineralwässer ergänzt.

läßt den Körper wieder von der inneren Energiebereitstellung zur Energieversorgung von außen umschalten. Der inzwischen auf Fasten eingestellte Stoffwechsel muß sich erneut umorientieren, wodurch sowohl die Fastenwirkung und als auch der Fastenerfolg empfindlich gestört und erheblich verzögert wird.

Zudem muß mit seelischen und/oder körperlichen Irritationen gerechnet werden, wenn schon gedämpfte Hungergefühle plötzlich wieder auftreten.

Viele Menschen rauchen oder trinken – bei den meisten kommt nicht selten beides zusammen. Wenn auch der Konsum solcher Genußmittel nicht zwangsläufig in einer Sucht enden muß, so sollte man sich doch darüber im klaren sein, daß die Übergänge fließend sind. An den Fastentagen, an denen der Körper direkt auf Entgiftung programmiert ist und Leber und Ausscheidungsorgane auf Hochtouren laufen, sollte der Verzicht auf diese Genußmittel aber selbstverständlich sein. Und wer bei sich schon ein kritisches Konsumverhalten bemerkt, kann die Zeit des Fastens dazu nutzen, ganz aus dem Teufelskreis von körperlicher und psychischer Abhängigkeit auszubrechen und sich zum Beispiel das Rauchen abgewöhnen.

Alkohol ist eine berüchtigter Vitaminräuber und kann während des Fastens zu Mangelerkrankungen führen

Zum Thema Alkohol: Während des Fastens ist kein Gläschen Bier oder der Schoppen Wein in Ehren erlaubt, denn die Leber muß sich in dieser Zeit anderen Entgiftungsaufgaben als dem Alkoholabbau widmen. Zudem ist Alkohol als sogenannter Vitaminräuber bekannt. Alkolhol während der Fastenkur birgt also auch das Risiko, einen echten Vitaminmangel auszulösen.

Aber es gibt noch einen weiteren Grund, auf Alkohol zu verzichten: Schon ein paar Schlückchen davon stimulieren die Magensäfte und wecken damit Hungergefühle, die nach den Stoffwechselumstellungen in den ersten Fastentagen beruhigt werden. Verschieben Sie Ihre Gelüste also auf die Zeit nach dem Fasten – vielleicht ist Ihnen Ihr täglicher Abendschoppen dann gar nicht mehr so wichtig.

Darauf muß der Fastenwillige verzichten:

- Essen, denn auch der kleinste Bissen irritiert den Fastenstoffwechsel und den Verdauungsapparat
- Alkohol, denn jeder Schluck kann die Entgiftungsleistung der Leber erheblich beeinträchtigen
- Rauchen, denn Nikotin verengt die Gefäße und verhindert eine optimale Organdurchblutung
- Kaffee und zuviel schwarzer Tee, deren Inhaltsstoffe Koffein und Thein die Gefäße ebenfalls verengen.

Medikamente während des Fastens

Haben Sie sich nun ausreichend über den Themenbereich rund um das Fasten und die verschiedenen Indikationen und Kontraindikationen (S. 33) informiert, und sind Sie sich über Ihre Beweggründe im klaren, kann es losgehen. Dabei ist die richtige Einschätzung der körperlichen Konstitution besonders wichtig. Wie gesund bin ich? Wie steht es zum Beispiel mit den Medikamenten, die ich regelmäßig einnehmen muß?

Da der Körper während des Fastens sensibler reagiert, wirken in dieser Zeit auch Medikamente stärker. Besprechen Sie dieses Problem am besten mit Ihrem Arzt. Bei einigen Präparaten (zum Beispiel bei blutdrucksenkenden Mitteln kann unter Umständen die Dosierung gesenkt werden. Vielleicht wird Ihnen der Arzt auch zu einem regelmäßigen Kontrollcheck während der Fastentage raten.

Bei Medikamenten gilt der bekannte Satz: Im Zweifelsfall fragen Sie Ihren Arzt oder ...

Hier einige weitere bewährte Hinweise von Fastenärzten:

- Auf entwässernde Medikamante kann während der Fastentage häufig verzichtet werden, da beim Fasten die Flüssigkeitsausscheidung ohnehin erhöht ist. Und ein Zuviel des Guten kann sogar zu große Mineralstoffverluste mit sich bringen.
- Falls Sie regelmäßig Schilddrüsenhormone einnehmen, sollten Sie diese während des Fastens nicht absetzen.

- Wenn Sie Diabetiker sind, gilt das gleiche für blutzuckersenkende Medikamente. Sprechen Sie mit Ihrem Arzt über die Dosierung, die unter Umständen reduziert werden muß.
- Harnsäuresenkende Präparate sind beim Fasten sogar wichtiger als bei normaler Kost, da es während der Kur bei vorbelasteten Menschen sehr leicht zu einem Gichtanfall kommen kann.
- Auf den Empfängnisschutz der Antibabypille können Sie sich in der Fastenzeit nicht verlassen, da wegen der Darmsanierung die Resorption der empfängnisverhütenden Hormone erheblich eingeschränkt ist.

Fasten richtig planen

Fasten ist, wenn auch nur für eine relativ kurze Zeit, immer eine besondere Lebenssituation – ein regelrechtes Abenteuer sogar, wenn man das erste Mal fastet. Dementsprechend sollten Sie sich vom Alltagstrott befreien und auch die Seele baumeln lassen. Prüfen Sie vorab ganz genau, wo Ihre Bedürfnisse und Möglichkeiten liegen. Denn von der Wahl des richtigen Ortes, der richtigen Ausstattung und Atmosphäre hängt ein Großteil des Fastenerfolgs ab.
Haben Sie sich grundsätzlich für eine Fastenkur entschieden, und ist das Warum hinreichend geklärt, bleiben noch vier weitere Ws: wie lange, wann, wo und wie?

Wie lange fasten?

Planen Sie den Zeitrahmen großzügig, möglichst eineinhalb bis zwei Wochen

Stellen Sie möglichst nicht die Frage: Wie lange muß man denn überhaupt fasten? Denn allein schon das Wörtchen »müssen« schränkt die freiwillige Entscheidung ein. Denn: Sie wollen ja fasten!
Für das therapeutische Fasten sollte der Zeitraum nicht zu knapp angesetzt werden und hängt speziell beim Heilfasten natürlich auch vom jeweiligen Krankheitsbild ab. In den meisten Fastenkliniken hält man eine Kurdauer von weniger als

drei Wochen für nicht sehr effektiv. Aber auch für das selbständige Fasten darf die Zeit nicht zu kurz gewählt werden: 14 Tage insgesamt sind ideal. Sehr viel weniger ist ungünstig, da die vorbereitenden Einstiegstage und die Aufbautage hinzugerechnet werden müssen. In der Zeit nach dem eigentlichen Fasten bereiten Sie sich langsam darauf vor, sich in Zukunft gesund und vollwertig zu ernähren. Diese Aufbautage sind sehr wichtig und vermeiden, daß Sie nach den Fastentagen sofort wieder in Ihre alten Ernährungsgewohnheiten zurückfallen. Diese Gefahr besteht insbesondere dann, wenn Sie aus therapeutischen Gründen fasten.

In der wärmeren Jahreszeit fällt Fasten meist leichter

Wann am besten fasten?

Die richtige Zeit zum Fasten ist sicher immer eine individuelle Entscheidung. Als erstes stellt sich die Frage nach der richtigen Jahreszeit: Frühling, Sommer, Herbst oder Winter? Weil Fasten für den Körper Kalorienverzicht und damit eine eingeschränkte Energiezufuhr zur Wärmegewinnung bedeutet, sind die kühleren Jahreszeiten weniger günstig, außer man ist von Haus aus mit genügend Fettpölsterchen gegen Wärmeverlust gewappnet. Schlankere Fastenwillige tendieren deshalb sicherlich zu den wärmeren Tagen im Frühjahr oder den Sommermonaten. In dieser Zeit fällt das Fasten generell leichter. Denn steigt das Außenthermometer über 25 Grad, lassen die Hungergefühle ohnehin nach, während der Körper nach mehr Flüssigkeit verlangt. Nicht umsonst starten die meisten Schlankheitsdiäten als Frühjahrskur.

Auch Ärzte empfehlen für eine private Fastenkur meist den Frühsommer. Ein nicht zu unterschätzender Nebeneffekt: Nach der Diät kann man mit schlanken Hüften und knackigem Po am Strand flanieren. Belohnen Sie sich nach einer erfolgreichen Kur mit einem neuen Badeoutfit – das ist ein zusätzlicher Anreiz, das Gewicht nach dem Fasten auch zu halten.

Wo soll oder kann ich gut fasten?

Die Entscheidung zwischen einem Aufenthalt in einer speziellen Fachklinik und einer privat organisierten Fastenkur werden Sie sicher schon nach den ersten Kapiteln dieses Buches getroffen haben. Wenn Sie sich aus gesundheitlichen Gründen lieber in ärztliche Hände begeben, was bei bestimmten Krankheitsbildern sinnvoll und notwendig sein mag, dann sind die nächsten Kapitel für Sie nur noch am Rande von Interesse. Fühlen Sie sich aber nicht krank oder hat ein Kurzcheck beim Arzt grünes Licht zum Fasten gegeben, dann können Sie auch alleine starten. Wo Sie nun diese Tage verbringen, hängt natürlich von Ihren ganz privaten Bedürfnissen und inviduellen Möglichkeiten ab.

Halten Sie sich in dieser Zeit möglichst frei von beruflichen oder großen familiären Verpflichtungen, frei von jeder Art von körperlichem und seelischem Streß. Denn jetzt brauchen Sie Ruhe und viel Zeit für sich selbst. Sie wollen und sollen sich jetzt ganz Ihrem Körper und Ihrer seelischen Entspannung widmen, doch dafür müssen Sie selbst die nötigen Voraussetzungen schaffen.

Fasten kann man überall, entscheidend ist nur, wo und mit wem man sich wohl fühlt

Als Berufstätiger planen Sie am besten rechtzeitig Urlaubstage ein. Gut vorbereitet können Sie es sich in den Fastentagen dann ganz einfach bei sich zu Hause gemütlich machen. Sie müssen in diesem Fall auch nicht auf Ihre gewohnte Umgebung verzichten und haben sicherlich genügend Musik und Lesestoff parat, um so richtig zu entspannen. Das ist notwendig, um auch geistig und seelisch zu »entschlacken«. Wählt man für die Fastenzeit die eigenen vier Wände, ist ein Gebot aber unbedingt zu beachten: Nehmen Sie sich in dieser Zeit keine Arbeiten vor, zu denen Sie sonst nicht kommen! Also keine größeren Renovierungs- oder Frühjahrsputzaktionen einplanen – auch nicht als getarntes Bewegungsprogramm. Urlaubsfotos einkleben oder ähnlich Besinnliches ist jedoch erlaubt.

Müssen Sie allerdings eine mehrköpfige Familie versorgen, kann der nötige Rahmen für eine erfolgreiche Fastenkur meist

In der Fastenwandergruppe fühlt man sich wohl und beugt gleichzeitig dem Muskelabbau beim Fasten vor

nur in einem räumlichen Abstand zum Alltag geschaffen werden. Und der will gut vorbereitet sein. Klärende Gespräche mit dem Partner, den Kindern, der Oma, dem Babysitter geben Ihnen ein beruhigendes Gefühl. Denn nur wenn Sie alles organisiert haben, können Sie wirklich loslassen, sich entspannen und erholen.

Haben Sie sich also für einen Tapetenwechsel entschieden, könnten Sie sich beispielsweise eine kleine Ferienwohnung für diese Zeit mieten. Hotelzimmer ohne Miniküche und Badewanne sind zum Fasten dagegen eher ungeeignet. Doch hüten Sie sich bei der Wahl Ihrer Fastenoase vor zuviel Urlaubsatmosphäre. Eine Bleibe in Südfrankreich oder auf Kreta mag zwar romantisch sein, doch müssen Sie auf alle köstlichen Gerichte und Getränke des Gastlandes verzichten. Und das fällt schwer, wenn ein verführerischer Essensduft in die Nase steigt und andere Feriengäste bei einem Glas Wein sitzen. Um diesen unnötigen Härtetest zu umgehen, empfiehlt sich eher ein gemütliches Ferienappartement im schönen Bayern, im Schwarzwald, in der Heide oder wo Sie sonst schon immer mal hin wollten.

In vielen Fällen hilft ein Tapetenwechsel beim Abschalten

Wer nicht gerne alleine fastet, kann seinen Partner, einen Freund oder eine Freundin zum Mitmachen motivieren oder sich sogenannten Fastenwandergruppen anschließen. Diese verfolgen, neben dem geselligen Beisammensein mit Gleichgesinnten, das Ziel, dem Muskelabbau beim Fasten vorzubeugen. Auch die berühmten Fastenkrisen lassen sich in einer Gruppe oft leichter in den Griff bekommen.

Individualfasten: Eine kombinierte Fastenkur

Die in diesem Buch vorgestellte Fastenkur ist eine Mischform, die Elemente von verschiedenen Fastenkonzepten vereinigt, jedoch schwerpunktmäßig auf der Buchinger- und Mayr-Methode basiert. Das Programm baut auf folgenden Grundsätzen auf:

Die Fastengrundsätze: Darmreinigung, Versorgung des Körpes mit Mineralstoffen, Bewegung und Körperpflege

- Der Darm muß regelmäßig gereinigt werden: »von oben« täglich, zusätzlich »von unten« alle zwei bis drei Tage. (Einzelheiten zu den Darmreinigungsmethoden erfahren Sie auf den nächsten Seiten.)
- Der Nährstoffbedarf wird ausschließlich durch Fastengetränke gedeckt, erlaubt sind allerdings auch solche, die Vitamine, Mineralstoffe und geringe Mengen an Kohlenhydraten und Eiweiß enthalten.
- Dem Muskelabbau beugen Bewegung oder leichte sportliche Betätigung vor.
- Wichtig sind daneben eine gute Pflege der Haut und Schleimhäute und Kneippsche Wasseranwendungen.
- Das Fastenkonzept wird durch Ruhephasen und individuelle Entspannungsübungen abgerundet.

Startschuß zum Fasten: Die Vorbereitung

Kommen wir nun zu den praktischen Fragen: Was braucht man alles zum Fasten? Mit einem vollen Kühlschrank sollten Sie die Fastenzeit jedenfalls nicht beginnen. Das bedeutet: Vorräte rechtzeitig aufbrauchen und nur noch sparsam, aber gezielt einkaufen. Die benötigte Menge an Obst, Gemüse und Getränken richtet sich nach den geplanten Fastentagen. Ein bißchen Rechenarbeit bleibt Ihnen also in der Vorbereitung nicht erspart.

Die Einkaufsliste gründlich planen

Für die Entlastungstage und die Fastenzeit sind neben Tee und Mineralwasser auch Obst, Gemüse und Kartoffeln wichtig – wenn möglich aus ökologischem Anbau. Das wenige, das Sie in diesen Tagen essen und trinken, soll von guter Qualität und darf ruhig etwas teurer sein. Für die reinen Fastentage benötigen Sie Obst und Gemüse dann nur noch in Saftform. Besitzen Sie eine Saftpresse, können Sie sich Ihre Fastengetränke auch immer frisch herstellen. Dafür sollten Sie etwa die doppelte Menge an Frischobst und Frischgemüse rechnen. Oder Sie verwöhnen sich mit hochwertigen Säften aus dem Reformhaus. Nicht jeder weiß, wie gut Tomatensaft, Rote-Bete-Saft oder gemischte Gemüsesäfte schmecken. Diese Art von Getränken spielen eben leider im Alltag neben Wein, Bier, Kaffee, Limonade und Cola nur eine untergeordnete Rolle. Ist man aber erst einmal auf den Geschmack gekommen, kann man die neuen Trinkgewohnheiten vielleicht auch für die Zeit nach dem Fasten in den neuen Speiseplan einbauen. So mancher entwickelte während der Fastenzeit sogar eine Vorliebe für Sauerkrautsaft.

In der Fastenzeit nicht am falschen Platz sparen: Hochwertige Säfte und Tees verwöhnen den Gaumen

Da die meisten Obst- und auch einige Gemüsesäfte hochkonzentriert und damit auch relativ kalorienreich sind, sollten Sie diese – zumindest während der strengen Fastentage – in einem Verhältnis von 1:1 mit Wasser verdünnen. Und damit sind wir schon beim nächsten Punkt der Einkaufsliste: Wasser. Falls sich Ihr Leitungswasser nicht als Trinkwasser eignet oder es Ihnen einfach nicht schmeckt, besorgen Sie sich ausreichend kohlensäure- und natriumarme Mineralwässer (Natriumgehalt: weniger als 15 mg/l).

Was ebenfalls nicht fehlen darf, sind verschiedene Sorten Kräutertee, wenn nicht aus dem eigenen Garten, dann am besten aus dem Reformhaus. Wählen Sie dabei ganz nach Ihren persönlichen Vorlieben und Bedürfnissen. Für Menschen, die zu Kreislaufschwäche neigen, empfiehlt sich Rosmarin zur Anregung und Duchblutungsförderung. Melisse und Baldrian am Abend wirken dagegen beruhigend und schlaffördernd. Mit echter Kamille und Pfefferminze liegen Sie immer richtig: Kamille wirkt entzündungshemmend, Pfefferminze nimmt üblen Geschmack und hilft, Mundgeruch zu vermeiden, der beim Fasten zwangsläufig entsteht. Greifen Sie auch beim Honig zu guter Qualität.

Langsame Einstimmung

Stimmen Sie sich auf die Fastentage ein

Wenn Sie genügend Zeit haben, sollten Sie sich vor dem eigentlichen Fastenbeginn ein oder zwei Tage zur sanften Ein- und Umstimmung gönnen. Unternehmen Sie etwas, was Ihnen Freude macht: spazierengehen, bummeln, besorgen Sie sich noch das eine oder andere Buch, oder gehen Sie zur Kosmetikerin oder zum Friseur. Versuchen Sie auch, Ihren Körper auf die nächsten Tage vorzubereiten: Essen Sie möglichst vegetarisch, und trinken Sie anstatt des gewohnten Gläschens Wein einfach eine Weinschorle.

Nutzen Sie diese Tage auch, um in aller Ruhe die Einkaufsliste zusammenzustellen und nach und nach die Fastengrundausstattung zu besorgen. Denken Sie dabei auch an Badezusätze und Hautpflegemittel, da Ihre Haut an den Fastentagen viel Feuchtigkeit verliert und zu erhöhter Trockenheit neigt. Auch eine Wärmflasche kann gute Dienste leisten, zum einen für die Leberauflagen (S. 75), zum anderen zum Aufwärmen kalter Füße.

Der Entlastungstag

Mit dem Entlastungstag beginnt das eigentliche Fasten. Ihr wichtigstes Vorhaben an diesem Tag ist eine gründliche Darmreinigung. Ziel dieser Sanierungsmaßnahme ist nicht nur, Schlackenstoffe und Kotreste zu beseitigen, sondern die Wiederherstellung der Selbstreinigungskräfte des gesamten Verdauungstraktes. Die Erfahrung zeigt, daß je gründlicher die erste Darmentlehrung erfolgt, desto weniger Hungergefühle treten an den ersten Fastentagen, den sogenannten Umschalttagen, auf.

Nach welcher Methode die Darmreinigung vorgenommen wird, muß jeder für sich entscheiden. Unbedingt empfehlenswert ist es, am Anfang der Kur und dann am besten jeden zweiten bis dritten Tag eine Darmsäuberung von unten vorzunehmen. In Frage kommen dafür Einläufe oder Klistiere. Die entsprechenden Hilfsgeräte erhalten Sie in jeder Apotheke. Daneben werden in ärztlichen Praxen oder von Heilpraktikern Darmwaschungen mit sogenannten Hydro-Colon-Apparaten angeboten. Wenn Sie sich für die letztgenannte Methode entscheiden, sollten Sie sich rechtzeitig nach solchen ambulanten Möglichkeiten erkundigen.

Die Darmreinigung von unten wird durch tägliche Säuberungsaktionen von oben ergänzt. Und das bedeutet mit hydragogen Abführmitteln über den normalen Verdauungsweg Mund – Magen – Darm. Die Inhaltsstoffe dieser Präparate kehren entweder die Richtung des Wasserflusses ins Darmlumen um oder binden das Wasser im Darm. Zu den erstgenannten Mitteln gehören die Diphenylmethane (zum Beispiel Bisacodyl) und die Anthrachinone (zum Beispiel Sennaglykoside). Zu den zweitgenannten, wasserbindenden zählen salzartige (salinische) Abführmitteln wie Bittersalze (mit Magnesium kombiniert) und das Glaubersalz, in dem die darin enthaltene Sulfation an Natrium gekoppelt ist.

Fasten will gut eingeleitet sein – und der Einstieg geht über den Darm

Ein gängiges Mittel in vielen Kurkliniken, das sich auch beim privaten Fasten bewährt hat, ist die Gabe von einem Teelöffel Bittersalz, das in einem viertel Liter lauwarmen Wasser aufgelöst eingenommen wird. Dabei läßt sich allerdings eines nicht

Die Erfahrung zeigt, daß je gründlicher die erste Darmentleerung erfolgt, desto weniger Hungergefühle treten an den ersten Fastentagen auf

vermeiden: Es schmeckt einfach scheußlich! Wer will, kann den bitteren Geschmack mit ein paar Spritzern Zitronensaft abschwächen oder sich ganz einfach beim Trinken die Nase zuhalten. Wer mit der Verdauung bisher nie wirkliche Probleme hatte, kann die Ausleitung auch mit schwächeren Mitteln versuchen: Ein bis zwei Eßlöffel Rizinusöl oder ein Glas Sauerkrautsaft am Morgen genügen häufig, um den gleichen Effekt zu erzielen. Innerhalb von ein bis zwei Stunden ist es dann soweit: Es kommt zu einem leichten, wässerigen Stuhlgang, den man nicht mit einer Durchfallerkrankung verwechseln darf.

Dieses Ritual wird – wenn auch anfangs etwas ungewohnt – zu einem wichtigen Bestandteil des Fastens. Denn da beim Einlauf nur eine Teilreinigung von unten erfolgt, ist der tägliche salinische Trunk als zusätzliche Abführhilfe von oben nach unten während der gesamten Kurdauer ganz wichtig. Nur die regelmäßige Ausscheidung der Gährungs- und Fäulnisstoffe läßt Fastenkrisen schnell abflauen und bringt mit der Zeit ein wohliges Gefühl der Entlastung.

Wer die Bedeutung der Darmpflege kennt, für den wird es auch selbstverständlich werden, sich zu bestimmten Zeiten in Reichweite einer Toilette aufhalten. Bedenken Sie diesen Umstand auch bei der Wahl des Fastenortes.

Nehmen Sie am Entlastungstag keine üppige Henkersmahlzeit zu sich

Dem gereinigten Darm führen Sie am Entlastungstag nur noch etwa 600 Kalorien zu. Durch kalorienreduzierte und leichte Nahrung bereiten Sie den Organismus langsam auf die Umstellung von äußerer Ernährung auf innere Energiezufuhr vor und verhindern, daß Sie am ersten Fastentag von großem Hunger geplagt werden. Dafür bieten sich einige typische Entlastungsrezepte an, die sich auch später als sogenannte Teilfastentage eignen, Eßsünden geschickt auszugleichen (siehe rechte Seite). Diesen Kostvorschlägen liegt eine gemeinsame Idee zugrunde: schon am Entlastungstag eine optimale Entwässerung in Gang zu setzen und damit die Entgiftung einzuleiten. Während der folgenden Fastentage geht die Ausschwemmung bei genügender Flüssigkeitszufuhr kontinuierlich weiter.

Reistag:
Dafür insgesamt 150 Gramm Naturreis mit wenig Salz kochen und auf drei Mahlzeiten verteilen. Variationsmöglichkeiten sind Reis mit Apfelkompott, gedünstetem Gemüse oder – als Reissalat – mit Gurken, Tomaten und Mais.

Kartoffeltag:
600 bis 700 Gramm Pell- oder Ofenkartoffeln über den ganzen Tag verteilt essen. Die Kartoffeln können entweder mit frischen Kräutern angemacht oder zum Beispiel mittags mit etwa 200 Gramm gedünstetem Gemüse zubereitet werden.

Obsttag:
In der warmen Jahreszeit empfiehlt sich ein reiner Obsttag: drei Pfund Obst nach Lust und Laune, am besten auf vier Mahlzeiten über den ganzen Tag verteilt essen.

Das eigentliche Fasten

Hält man sich an die Fastenempfehlungen, regelt der Körper seinen Energieumsatz an den Fastentagen von selbst und deckt seinen Energiebedarf gewissermaßen von innen.

Beim Fasten laufen vor allem zwei Prozesse ab: der Körper entwässert und speckt ab. Er baut ab, was ihn belastet, was er nicht braucht, was ihn stört und was ihn krank macht. Wenn man die erwähnten Vorsichtsmaßnahmen einhält, besteht also keine Gefahr, daß lebensnotwendige Körperfunktionen nicht mehr oder nur noch ungenügend ablaufen. Alle Organ- und Steuerungsfunktionen werden auch während der Fastenkur aufrechterhalten. Dieses Naturgesetz kann sich jeder Fastende zu Nutzen machen.

Trinken – möglichst langsam und schluckweise – ist das oberste Fastengebot. Denn ausschwemmen, entschlacken und entgiften kann der Körper nur, wenn er mit ausreichend Flüssigkeit versorgt wird. Um die Nieren gut durchzuspülen und in

Das Motto der Fastenzeit: trinken, trinken und wieder trinken

Speise- und Getränkeplan für einen Fastentag

Morgens:
Kräutertee nach Belieben trinken, bei niedrigem Butdruck auch Schwarztee. Abführgetränk nicht vergessen!

Zwischendurch:
Molke und/oder Mineralwasser nach Belieben

Mittags:
Gemüsebrühe. Dazu 250 Gramm Gemüsemischung (zum Beispiel Kartoffeln, Karotten, Lauch, Sellerie und Tomaten) zerkleinern und mit einem halben Liter Wasser weich kochen, dann durch eine Sieb streichen und mit wenig Salz, aber viel Kräutern abschmecken. Zusätzlich ein Fastengetränk Ihrer Wahl.

Zwischendurch:
Molke und/oder Mineralwasser nach Belieben

Abends:
Ein Glas – möglichst frischgepreßten – Obst- oder Gemüsesaft. Vor dem Schlafengehen eine Tasse Tee mit beruhigenden Kräutern.

Mit der Flüssigkeitsausscheidung schwemmt der Körper Schlackenstoffe und Abbauprodukte aus

ihrer Entgiftungsarbeit zu unterstützen, braucht der Körper dazu täglich mindestens zwei bis drei Liter Flüssigkeit, am besten in Form von kalorienarmen Getränken, Tee und Wasser. Wie schon erwähnt, können die Fastengetränke auch mit Molke oder verdünnten Obst- und Gemüsesäften oder fettfreier Gemüsesuppe abgewandelt und ergänzt werden. Aber es gibt noch einen zweiten Grund, der das Trinken so wichtig macht. Da sich durch den Abbau der körpereigenen Fettdepots vermehrt Harnsäure bildet, besteht bei mangelnder Flüssigkeitsversorgung die Gefahr, daß sich Nierensteine bilden oder sich die Harnsäure in den Gelenken ablagert und Gichtanfällen auslöst (siehe auch S. 25).

Was trinken?

An erster Stelle stehen natürliche Mineralwässer. Diese werden aus unterirdischen, nicht verunreinigten Quellen gewonnen und direkt vor Ort abgefüllt. Achten Sie in der Fastenzeit auf möglichst natriumarme Sorten mit wenig oder ohne Kohlensäure. (Die Menge der enthaltenen Mineralstoffe können Sie dem Etikett entnehmen.) Ist die Qualität Ihres Leitungswassers gut, können Sie auch dieses trinken.

An zweiter Stelle steht Tee. Für die einleitenden Fastentage sind harntreibende Tees, die zum Beispiel Brennessel- und Schachtelhalmblätter enthalten, ideal. Kommt es anfangs zu Blähungen, helfen Fenchel, Kümmel und Anis. Mit Kamillentee kann man Krämpfe im Magen-Darmbereich gut behandeln – empfehlenswert ist dieser milde blonde Tee auch vorbeugend. Rosmarintee wirkt anregend und durchblutungsfördernd und eignet sich bei schwachem Kreislauf, Melisse und Baldrian dagegen entspannend und beruhigen. Ein echter Dauerbrenner während der ganzen Fastenzeit ist Pfefferminztee, der nicht nur sehr aromatisch ist, sondern auch gegen Mundgeruch gerne getrunken wird.

Baldrian beruhigt und entspannt

Positive Fastenreaktionen und kleine Unpäßlichkeiten

Wenn nicht das Hauptziel, so sind ein paar Kilo weniger für viele ein angenehmer Nebeneffekt des Fastens. Der Zeiger der Waage bewegt sich durch die starke Entwässerung in den ersten Fastentagen relativ rasch nach unten – ein Grund für Euphorie, wenn bei Fastenbeginn starkes Übergewicht vorhanden war. Nach ein paar Tagen reduziert sich die Gewichtsabnahme allerdings, da nun langsam die Fettdepots verbraucht werden. Auf die gesamte Fastenzeit umgerechnet, nehmen normalgewichtige bis leicht übergewichtige Männer im Durchschnitt 300 bis 500 Gramm pro Tag ab, normalgewichtige bis leicht übergewichtige Frauen dagegen nur 200 bis 300 Gramm.

In den ersten Fastentagen bewegt sich der Zeiger der Waage rasch nach unten

Trinken Sie gegen Fastenunpäßlichkeiten an!
Die meisten Fastenunpäßlichkeiten treten nur kurzfristig auf und zeigen, daß im Körper etwas passiert. Denn durch die Selbstreinigungsaktionen des Organismus werden Schlackenstoffe aus den Gewebedepots geschleust und gelangen nun in den Körperkreislauf. Diese vorübergehend erhöhte Konzentration an Abbauprodukten ist der Auslöser der meisten Befindlichkeitsstörungen. Akzeptieren Sie einfach diese zwangsläufigen Umstellungsreaktionen, trinken Sie am besten dagegen an, und fördern Sie durch Bewegung die Durchblutung und damit den Entgiftungsvorgang.

Es ist kein leeres Verspechen: Sie werden sich wie neu geboren fühlen

Die Entschlackung des Körpers bemerkt man nicht nur auf der Waage. Hat man dem ersten flauen Rumoren im Magen nicht nachgegeben, stellt sich relativ rasch ein Gefühl von innerer Leichtigkeit und Beschwingtheit ein. Man fühlt sich »wie neu geboren« – und das alles ohne Hungergefühl. Damit lassen sich auch die weniger angenehmen Fastenreaktionen leichter ertragen. Diese sogenannten Fastenkrisen oder Fastenflauten treten besonders zu Beginn der Kur auf. Sie werden durch Umstellungs- und Anpassungsschwierigkeiten des Organismus hervorgerufen und müssen Sie nicht beunruhigen.
So sind zum Beispiel Kopfschmerzen am ersten Fastentag – manchmal schon am Entlastungstag – gar nicht selten. Sie klingen meist von selbst rasch wieder ab, wenn ausreichend getrunken wird. Helfen kann auch ein Basenpulver, das man in jeder Apotheke bekommt. Manche Fastende beklagen, daß mit Fastenbeginn der Kreislauf labiler wird und es gelegentlich zu Schwäche- und Schwindelgefühlen sowie Konzentrationsstörungen kommt. In solchen Fällen ist dann auch eine Tasse schwarzer Tee – leicht mit Honig gesüßt – erlaubt, um die Kreislauftätigkeit wieder anzukurbeln. Menschen, die generell zu Kreislauflabilität neigen, sollten in der Fastenzeit das Autofahren möglichst einschränken oder am besten ganz darauf ver-

zichten. Bei stärkeren Schwindelgefühlen fragen Sie am besten Ihren Arzt um Rat.
Sind Müdigkeit und Mattigkeit in den ersten Tagen sehr ausgeprägt oder treten Muskelkrämpfe auf, kann ein Mineralstoffmangel vorliegen. Diese kleinen Defizite – meist fehlen dem Körper Magnesium und Kalium – lassen sich nach Rücksprache mit dem Arzt leicht durch Medikamente oder Brausetabletten ausgleichen. Sind Sie sehr schlank, werden Sie durch die reduzierte Energiebereitstellung öfter frieren oder frösteln. Dann heißt es: Warm anziehen, den Tee heiß trinken und die Wärmflasche mit auf die Couch oder ins Bett nehmen!
Der Grund für derartige Unpäßlichkeiten oder Befindlichkeitsstörungen liegt am veränderten Stoffwechsel. Der Körper verbrennt nun anstatt Kohlenhydrate, die einen raschen Energieschub liefern, jetzt hauptsächlich körpereigene Fettdepots. Dabei sinkt der Blutzuckerspiegel, während sich Fettsäuren anreichern. Die Stoffwechselumstellung spiegelt sich auch in der Zusammensetzung des Urins wider. Durch die vermehrte Ausscheidung von Ketonkörpern als Endprodukt des Fettsäureabbaus sinkt der ph-Wert des Urins – der Urin wird sauer. Zu Beginn der Fastenkur fällt auch der Blutdruck leicht, normalisiert sich mit der Zeit aber wieder.

Auch Fastenflauten kommen vor, sind aber nur von kurzer Dauer

Begleitende Maßnahmen während des Fastens

Damit wären wir bei dem Rahmenprogramm, das die Entschlackung und die Regenerationsprozesse des Körpers wirkungsvoll unterstützen kann. Hierzu zählen kosmetische Körperpflege ebenso wie Wasseranwendungen und ein individuelles Bewegungsprogramm.

Den Entschlackungsprozeß fördern

An den Entschlackungsprozessen sind folgende Verdauungsorgane beteiligt: die Niere, die Leber und der Darm.
Welche große Bedeutung der Niere als Ausscheidungsorgan zukommt, wurde bereits erwähnt (S. 27), ebenso die Funktion

Die Entgiftungsarbeit kann durch Wärmeanwendungen angeregt werden

Ein Mittagsschläfchen läßt sich gut für die Leberwickel nutzen

des Darms. Ein Organ, das bei den Entgiftungsvorgängen nicht vergessen werden darf, ist die Leber. Sie leistet beim Fasten schier Höchstarbeit und sollte während der Fastenkur angeregt und unterstützt werden. Dafür empfehlen sich warme Leberwickel oder heiße Heublumenkompressen. Die Wärmflasche ist am einfachsten zu handhaben, etwas umständlicher ist ein mit Heublumen gefülltes Stoffsäckchen, das über Wasserdampf erhitzt wird (in einem Sieb über einen mit siedendem Wasser gefüllten Kochtopf hängen). Diesen Heublumensack – oder eben die heiße Wärmflasche – legt man so heiß wie möglich auf den rechten oberen Bauchbereich. Der beste Zeitpunkt ist die Ruhepause nach der Mittagssuppe.

Körperpflege in der Fastenzeit

Aber nicht nur Niere, Leber und Darm sind am Reinigungsprozeß des Körpers beteiligt, auch die Lunge und die Haut fördern Ausscheidungsstoffe zutage. Besonders über die Mundschleimhäute wird Überflüssiges ausgeschieden. Die Folgen davon sind ein unangenehmer Mundgeruch und häufig ein gräulicher Belag auf der Zunge. Denken Sie daran, wenn Sie unter Leute gehen. Dagegen helfen am besten Mundspülungen und – öfter als sonst – Zähneputzen. Heilerde, dreimal täglich einen Teelöffel davon mit etwas Wasser eingenommen, ist ein altes und empfehlenswertes Hausrezept gegen schlechten Atem. Auch Pfefferminztee wirkt erfrischend. Für unterwegs eignen sich zuckerfreie Pfefferminzbonbons.

Beim Fasten werden die Ausdünstungen über die Haut und den Atem intensiver. Ausgiebige Körperpflege ist also wichtig

Ebenso wichtig ist die allgemeine Körperpflege, denn die Ausdünstungen über die Haut sind in der Fastenzeit wesentlich intensiver. Häufigeres Duschen oder Baden mit wohlriechenden Zusätzen (Kräuter zum Beleben oder zum Entspannen) lassen sich in jedes Pflegeprogramm einbauen. Wer gesunde Haut hat, kann auch mit morgendlichen Trockenmassagen die Hautdurchblutung anregen. Dadurch werden abgestorbene Hautzellen entfernt und die Poren geöffnet (nicht geeignet bei Krampfadern!).

Wasseranwendungen machen munter

Wer noch mehr für seine Gesundheit tun möchte, liegt mit Kneippschen Wasseranwendungen genau richtig. Wechselbäder und kalte Güsse passen in jedes Fastenkonzept. Der Wechsel von warm und kalt stellt die Blutgefäße abwechselnd weiter und enger. Erreicht wird dadurch ein effektives Gefäßtraining, das für gute Durchblutung sorgt. Gezielte Warm- und Kaltwasserreize fördern die Gewebsspannung der Gefäße und der Muskulatur. Und das nicht nur am Ort der lokalen Einwirkung: Über das vegetative Nervensystem verbessern sich so auch die Gefäßspannungen in den inneren Organen.

Immer in Bewegung bleiben

Die körperliche Leistungsfähigkeit ist während des Fastens nicht eingeschränkt. Sie müssen sich also keinesfalls schonen, im Gegenteil. Bewegung ist in dieser Zeit für die Gesundheit geradezu notwendig – und das aus verschiedenen Gründen:

Zum einen fördert körperliche Aktivität die Durchblutung und sorgt so dafür, daß genügend Sauerstoff selbst bis in die kleinste Zelle gelangt. Dadurch wird der gesamte Stoffwechsel angekurbelt und die entgiftende Wirkung des Fastens beschleunigt. Zum anderen sorgt Bewegung dafür, daß während der Energiehaushalt auf Sparflamme fährt, kaum Muskelmasse, dafür aber um so mehr eingelagertes Fett abgebaut wird. Werden die Muskeln also trainiert, signalisiert das dem Körper, daß er andere Depots nutzen muß – ein Schutz damit auch für den Herzmuskel. Außerdem kommt es bei körperlicher Tätigkeit zu einer erhöhten Muskeldurchblutung, durch die Säuren abtransportiert werden, was wiederum Muskelverspannungen und Muskelkater entgegenwirkt.

Körperliche Aktivitäten fördern die Durchblutung, kurbeln die Fettverbrennung an und mindern Risikofaktoren wie erhöhte Blutfett- oder Blutdruckwerte

Daneben wird der Wärmeverlust, der beim Fasten wegen der fehlenden Energie aus Verdauungsprozessen leicht entsteht, durch sportliches »Anheizen« ausgeglichen. Sie fühlen sich warm und wohlig. Sogar ein aus dem Gleichgewicht geratener Blutdruck profitiert von Bewegung. Aber nicht nur ein zu niedriger Blutdruck wird angekurbelt, auch ein zu hoher kann sich durch körperliche Bewegung langfristig wieder in die Normallage einpendeln und stabilisieren. Das gleiche gilt für einen weiteren Risikofaktor: die erhöhten Blutfette. Bewegung ist auch hier Medizin – ob nun während des Fastens oder später.

Bewegung mit Musik oder Wandern in der Natur helfen gleichzeitig der Seele zu »entgiften«

Trotzdem sollten Sie nicht gleich übertreiben oder einen falschen Ehrgeiz entwickeln. Intuitiv verlangt der Körper in der anfänglichen Umstellungszeit nach mehr Ruhe. Gehen Sie Ihr Bewegungsprogramm also langsam an, und hören Sie auf die Bedürfnisse Ihres Körpers. Wenn die anfängliche Müdigkeit nachläßt, können Sie Ihr Pensum steigern. Doch wenn Sie bisher hauptsächlich hinter einem Schreibtisch saßen, dann sollten Sie Ihr Sportprogramm im Schongang starten. Sind Sie jedoch zum Beispiel ein routinierter Tennisspieler, können Sie schneller einsteigen.

Wann, wo und wie Sie sich sportlich betätigen, hängt also von Ihrem Gesundheits- und Trainingszustand, vom Alter und von der Fastenphase ab. Ganz nach Ihren persönlichen Vorlieben eignen sich dafür zum Beispiel Gymnastik, Wandern und Joggen. Bei stark Übergewichtigen empfehlen sich Sportarten, bei denen die Gelenke weniger belastet werden, wie Radfahren und Schwimmen. Sind Sie gerne in Gesellschaft, kommen auch Ballspiele in Frage.

So trainieren Sie während des Fastens richtig

Bewegen Sie sich dreimal täglich so intensiv, daß der Puls auf 100 bis 130 Schläge pro Minute steigt. Dosieren Sie Ihre Trainingseinheiten dabei so, daß Sie nie ganz außer Atem kommen. Ideal ist es, wenn Sie bei intensivierter Atmung im Atem-Rhythmus bleiben. Das ist gar nicht so schwierig: Morgens reicht schon ein flotter Spaziergang, um den Kreislauf in Schwung zu bringen. Auch Treppensteigen oder Seilspringen eignen sich dafür. Anregend und zugleich beschwingt entspannen kann man beim Tanzen.

Nicht nur der Körper entledigt sich während des Fastens von unnötigen Lasten, auch die Seele wirft Ballast ab

Entspannung – wichtig für Körper und Seele

In der Zeit des Fastens sollen auch Geist und Seele genügend Zeit haben, sich umzustellen: auf die neue Umgebung, wenn Sie einen Fastenort außerhalb Ihrer eigenen vier Wände gewählt haben, auf die nicht alltägliche Fastensituation, auf die Reaktionen des Körpers. Auch das Schlafbedürfnis wird in den ersten Fastentagen größer werden. Also: Lassen Sie sich treiben, lassen Sie Ihre Seele baumeln!

Menschen, die bereits öfter erfolgreich gefastet haben, berichten fast immer von einer anfänglichen seelischen Sensibilisierung und schließlich von einer psychischen Stärkung und geistigen Bereicherung als zusätzliche Fastenresultate. Auch Sie bemerken sicherlich, daß sich in dieser Zeit das innere Erleben und Fühlen intensiviert. Einerseits werden Sie eventuell mit einer gewissen Überempfindlichkeit und seelischen Verletzbarkeit zu kämpfen haben, andererseits bekommen Sie immer mehr Abstand von alten, belastenden Problemen. Sogar so starke Emotionen wie Groll und Haß scheinen bei Fastenden in den Hintergrund zu treten.

Das alles aber braucht Zeit und Muße. Seine Entspannungsmöglichkeiten muß natürlich jeder für sich individuell finden. Für den einen mag Meditation oder Yoga die richtige Wahl sein, der andere favorisiert Autogenes Training. Andere wiederum möchten endlich nur viel lesen, Musik hören oder sich gestalterisch betätigen. Beim Fasten wurde schon häufig der Grundstock für spätere Hobbys gelegt.
Horchen Sie also in sich hinein. Fastens erweitert Ihr seelisches Empfindungsvermögen, verhilft zu geistig-spirituellen Erfahrungen und weckt möglicherweise schlummerndes kreatives Potential. Vielleicht möchten Sie jetzt malen, fotografieren oder dichten? Lassen Sie Ihrer Phantasie einfach freien Lauf. Werden Sie zum Entdecker unbekannter Weiten in Ihrer Seele, und genießen Sie die Früchte Ihrer eigenen Kreativität.

Was kommt nach dem Fasten?

Der reduzierte Fastenstoffwechsel darf nach dem Fasten nicht gleich zu hochgekurbelt werden

So wie die Entlastungstage zur Einleitung einer Fastenkur notwendig sind, so wichtig ist sanfte Überleitung zur Normalkost. Jedes abrupte Umstellen würde den Darm und den gesamten Stoffwechsel überfordern. Nehmen Sie sich also Zeit für eine Rückführung, und versuchen Sie, das Ziel einer neuen gesünderen Ernährung ganz bewußt einzuleiten. Schließlich wollen Sie den Fastenerfolg so lange wie möglich aufrecht erhalten.
Da sich der Stoffwechsel während der Fastentage einem »mageren« Speiseplan angepaßt hat, fährt er nun auf Sparflamme – und das noch über die Zeit des Fastens hinaus. Der Körper hat gelernt, mit relativ wenig Kalorien zu auszukommen. Das hat jedoch auch den Nachteil, daß der Minimalbedarf noch längere Zeit auch nach dem Fasten bestehen bleibt und man durch die Rückkehr zur Normalkost schnell wieder ein paar Pfunde zulegt. Dieses sinnvolles Naturgesetz aus Zeiten, in denen Menschen Hungerkrisen überleben mußten, ist aber sicher nicht das Ziel einer Fastentherapie. Diätkenner wissen um diesen ungewollten »Jo-Jo-Effekt«.

Das Fastenbrechen

Also erst einmal Finger weg von den alten kulinarischen Vorlieben, denn Magen und Darm müssen sich erst langsam wieder an die Normalkost gewöhnen. Der Fastenende sollte daher stufenweise geschehen mit dem Ziel einer gesunden Vitalkost.

Der letzte Fastentag wird als das sogenannte Fastenbrechen bezeichnet. Geläufig ist uns dieser Ausdruck aus dem Englischen, wo man vom »breakfast« spricht und damit das Frühstück meint, das die essensfreie Zeit nach der Nachtruhe beendet. Dieser Ausklang ist wichtig, nehmen Sie das Fastenbrechen also bitte genauso ernst wie die eigentlichen Fastentage. Sie werden außerdem bemerken, daß Sie am ersten Tag noch nicht sehr viel essen können. Fangen Sie mit der ballaststoff- und kalorienreicheren Aufbaukost deshalb erst nach dem Fastenbrechen an.

Nach den Fastentagen wird der Grundstein gelegt für richtige Ernährung

So brechen Sie das Fasten

Morgens:
Tee mit Kräutern oder ein leichter schwarzer Tee

Vormittags:
ein reifer Apfel (eventuell auch gedünstet)

Mittags:
ein Teller Kartoffelsuppe

Nachmittags:
Tee oder Buttermilch

Abends:
Tomatensuppe

Für den Übergang nach dem Fastenbrechen haben sich einige Regeln bewährt, die Sie auch für Ihre künftige Ernährung beherzigen sollten:

- Essen Sie nur kleine Portionen – Ihr Sättigungsgefühl reagiert sensibler. Hören Sie auf die Signale Ihres Körpers.

- Essen Sie in Ruhe und in einer gemütlichen Atmosphäre. Verbringen Sie die ersten Tage möglichst noch in Ihrem Fastenexil.
- Kauen Sie langsam und gründlich. Ernährungsmediziner empfehlen sogar 30 mal pro Bissen.
- Trinken Sie vor oder nach dem Essen, aber nicht zu den Mahlzeiten, um die Verdauungssäfte nicht zu verdünnen.
- Genießen Sie die Speisen, achten Sie auf ihren Eigengeschmack, und vermeiden Sie Nachwürzen. Vielleicht kommen Sie ab jetzt auch mit weniger Salz aus, das unnötig viel Wasser im Körpergewebe bindet.

Aufbaukost für die Tage nach dem Fastenbrechen

Empfohlen werden nach einer Fastenwoche drei, nach zwei Fastenwochen fünf Aufbautage

Es ist sinnvoll, die Ernährung nach dem Fasten stufenweise aufzubauen, damit sich die Enzymsysteme und die Darmflora langsam wieder an die Normalkost gewöhnen können. Am Anfang werden Sie sicher schon nach ein paar Bissen satt sein. Das ist ein gutes Zeichen, denn Ihr Sättigungsgefühl, das in Zeiten der Völlerei leicht überhört wurde, kann ab jetzt wieder Ihren Appetit regulieren.

Die Dauer der Aufbaukost hängt davon ab, wie lange Sie gefastet haben. Nach einer Woche Fasten empfiehlt es sich, für die Aufbaukost zwei, besser drei Tage einzuplanen. Bei vierzehn Fastentagen sollten dann schon vier bis fünf Tage dem Kostaufbau gewidmet sein. Hier nun ein paar Vorschläge, die sich leicht variieren lassen:

1. Tag

Morgens und abends je eine Scheibe Knäckebrot mit Magerquark (kaum gewürzt oder nur mit wenig Kräutern abgeschmeckt). Mittags eine Gemüsebrühe.

2. Tag

Morgens und abends je eine Scheibe Knäckebrot mit einem milden, möglichst fettarmen Käse. Mittags Kartoffeln und leicht bekömmliches, gedünstetes Gemüse (wie zum Beispiel Karotten und Zucchini).

3. Tag

Nun wird die Kost abwechslungsreicher. Wählen Sie von den aufgeführten Nahrungsmitteln nach Lust und Laune – nur nicht im Übermaß:

- Knäckebrot, Vollkornbrot, Vollkornsemmeln, Hirsemüsli
- Banane, Honigmelone und Avocado
- Blattsalate und mildes Gemüse
- Kartoffeln, geschälter Reis und Vollkornnudeln
- Suppen aus Kartoffeln und Gemüse
- Frischmilch, Buttermilch, Magerquark, fettarmer Käse.

4. Tag

Ergänzen Sie Ihre Mahlzeiten nun mit Graubrot und Müsli (aus Haferflocken, Dinkel, Buchweizen). Beim Obstangebot kommen Mango, Papaya und Ananas hinzu, beim Gemüse Mais, Spinat, Mangold, Fenchel und Kohlrabi. Die Lust auf tierische Produkte sollte vorerst noch mit Putenbrust und Fisch (am besten gedünstet) befriedigt werden.

5. Tag

Ab heute sind weitere Obstsorten erlaubt: Birne, Kiwi, Apfel und Beeren. Beim Salat und Gemüse: Tomaten, Paprika, Gurken, Chinakohl, Sellerie, Weiß- und Rotkohl. Ab diesem letzten Aufbautag sind auch Eier (in Maßen), Huhn und Rindfleisch nicht mehr tabu.

Die gesunde Vitalkost

Eine ausgewogene Kost enthält alle Nährstoffe, allerdings im richtigen Verhältnis

Das Hauptziel jeder Fastentherapie ist es, die Ernährungsgewohnheiten langfristig umzustellen. Doch was ist gesund? Wir empfehlen eine Vollwerternährung oder gesunde Vitalkost. Darunter versteht man einerseits eine ausgewogene Ernährungszusammenstellung mit Kohlenhydraten, Fetten und Eiweiß, aber auch Kalorien, Vitaminen und Mineralstoffen in den richtigen Mengen. Andererseits soll die Kost vollwertig sein, also möglichst aus dem eigenen Garten oder aus biologischem Anbau stammen, frisch sein und naturbelassen beziehungsweise unraffiniert. Reduziert werden im Rahmen der Vitalkost generell der Salz-, Zucker- und Fettverbrauch, aber auch Fleisch und Wurstwaren, während vermehrt Obst, Gemüse und Vollkornprodukte jeder Art auf den Tisch kommen.

Wichtig ist daneben die richtige Zubereitung. Vorzuziehen sind immer sanfte Garmethoden, bei denen möglichst wenig Vitamine verloren gehen. Denn gerade bei der Gemüsezubereitung geht ein großer Teil der wertvollen Inhaltsstoffe im Kochwasser baden. Die besten und schonendsten Methoden sind: Dämpfen in wenig Wasser, Dünsten mit wenig Fett oder Braten im asiatischen Wok. Verwenden Sie möglichst immer Töpfe mit festschließenden Deckeln, da der Luftsauerstoff Vitamine zersetzt. Für Geflügel oder Lammkeule eignet sich zum fettarmen Braten der Römertopf.

Trinken bleibt wichtig

Vorsicht mit Alkohol, der bei der Verstoffwechselung sogar Wasser verbraucht

Auch nach dem Fasten sollten Sie weiterhin viel trinken. Der Mensch benötigt täglich mindestens eineinhalb Liter Flüssigkeit, um seinen Wasserverlust – hauptsächlich durch Urin und Schweiß – auszugleichen. Sport, hohe Außentemperaturen, Alkohol und trockene Luft erhöhen den Bedarf. Passend zur Vitalkost können Sie – neben Wasser und Tee – mehr Gemüsesäfte auf den Speise- beziehungsweise Getränkeplan setzen. Auch gehaltvolle Getränke wie Milch oder ein Brottrunk passen zur ge-

Vitamine sind an fast allen Prozessen im Organismus beteiligt

sunden Vitalkost, sollten wegen ihres höheren Kaloriengehaltes aber bewußt in das tägliche Tagessoll eingebaut werden. Sogar das Gläschen Alkohol in Ehren darf man ab und zu genießen – aber bitte in Maßen. Denn Vorsicht: Alkoholische Getränke eignen sich nicht zur Deckung des Flüssigkeitsbedarfs, sondern verbrauchen sogar noch Wasser. Um den Alkoholgehalt von einem Glas Whisky zu verarbeiten, benötigt der Organismus beispielsweise ein viertel Liter Wasser zusätzlich. Diesen Effekt kennen viele sicherlich als sogenannten Nachdurst.

Gesunde Getränke

Brottrunk ist ein fermentiertes Getränk aus Vollkornsauerteig. Er ist sehr reich an Mineralstoffen und hat eine verdauungsfördende Wirkung.

Fruchtsaftprodukte unterscheiden sich in ihrem Fruchtgehalt. Reine Fruchtsäfte bestehen zu fast 100 Prozent aus gepreßten Früchten, meist ohne Wasser- und Zuckerzusätze. Der ernährungsphysiologische Wert ist durch den hohen Gehalt an Mineralstoffen, Vitaminen und Kohlenhydraten ausgesprochen hoch.

Gemüsesäfte, zum Beispiel aus Tomaten, Möhren, Rote Bete, Sauerkraut liefern neben Vitaminen und Mineralstoffen auch noch wertvolle Ballaststoffe zur Regulierung der Darmträgheit.
Kuhmilch, als Rohmilch, Vorzugsmilch, pasteurisierte und homogenisierte Milch im Handel erhältlich, ist eine wichtige Eiweiß-, Kalzium- und Eisenquelle. Die meisten Sorten enthalten circa 5 Prozent Kohlenhydrate, 3 Prozent Eiweiß bei unterschiedlichem Fettgehalt. Die Nährstoffzusammensetzung variiert bei Buttermilch und Molke.
Sojamilch wird aus eingeweichten und gemahlenen Sojabohnen und Wasser hergestellt. Sojamilch hat im Vergleich zu Kuhmilch nicht nur weniger Fett und Kalorien, sondern auch mehr Eiweiß und viele B-Vitamine.

Ohne Vitamine und Mineralstoffe geht nichts

Als Vitamine bezeichnet man organische Verbindungen, die im Körper für lebenswichtige Prozesse benötigt werden, aber im Organismus nicht oder nur in zu geringen Mengen selbst hergestellt werden können, weshalb sie regelmäßig mit der Nahrung zugeführt werden müssen. Vitamine dienen dem Organismus nicht als Baumaterial oder Energielieferanten, sie haben hauptsächlich vermittelnde Funktionen und sind vorwiegend

Vitamine auf Eis

Wer nicht täglich frisches Obst und Gemüse auf dem Markt oder noch besser beim Bauern kaufen kann, riskiert relativ hohe Vitaminverluste, die sich bei längerer Lagerung – ob im Supermarkt oder zu Hause – nicht vermeiden lassen. Das gilt besonders für Vitamin-C-haltige Lebensmittel. Mein Tip: Kaufen Sie sich eine Tiefkühltruhe. Wissenschaftliche Studien erbrachten, daß beim Einfrieren immerhin bis zu 80 Prozent des Vitamin-C-Gehalts erhalten bleiben. Und wenn Sie nicht selbst erntefrisches Obst oder Gemüse einfrieren können, greifen sie beruhigt zu Tiefkühlprodukten.

In Kurzform erläutert die nachfolgende Tabelle die wichtigsten Vitamine, ihre Funktionen für den Organismus und ihr Vorkommen in den einzelnen Nahrungsmitteln

Vitamin	Wichtig für	Mögliche Symptome bei Mangel	Reichlich vorhanden in
Vitamin A (Beta-Carotin)	Haut, Haare, Augen, Schleimhäute, Beta-Carotin ist ein Radikalenfänger	Schuppige, trockene Haut, Nachtblindheit, Anfälligkeit für Infekte	Leber, Karotten, Kartoffeln, Grünkohl
Vitamin B_1	Nerven, Herz, Kohlenhydratstoff-wechsel	Leistungsabfall, Appetitlosigkeit, Störungen des Herzens und des Nervensystem	Vollkornbrot, Hülsen-früchte,Schweinefleisch
Vitamin B_2	Verwertung von Fett, Eiweiß und Kohlen-hydraten	Wachstumsstörungen, Risse an den Lippen und in den Mund-winkeln	Leber, Milch, Geflügel, Getreide
Vitamin B_6	Blutbildung, Eiweiß-stoffwechsel	Appetitlosigkeit, Blutarmut, Übelkeit	Fisch, Vollkornprodukte, Fleisch
Vitamin B_{12}	Blutbildung, Zellaufbau	Blutarmut, Müdigkeit	Leber, Heringe, Milchprodukte
Niacin	Stoffwechsel, Herz, zentrales Nervensystem	Müdigkeit, Appetitmangel, Gewichtsverlust	Vollkornbrot, Geflügel, Erbsen, Seefisch
Folsäure	Bildung neuer Zellen, Blutbildung	Blutarmut, Verdauungsstörungen, Schleimhautveränderungen	grünes Gemüse, Vollkorn-produkte, Kartoffeln
Pantothensäure	Abbau von Fetten, Eiweiß, Kohlenhydra-ten, Hautgesundheit	Hautschäden, Anfälligkeit für Infekte, nervöse Störungen	Broccoli, Blumenkohl, Rindfleisch, Pilze
Vitamin C	Immunabwehr, Binde-gewebe, Verwertung von Eisen	Müdigkeit, Infektanfälligkeit, schlechte Wundheilung	Zitrusfrüchte, Paprika, Sanddorn, Kiwi
Vitamin D	Knochenbildung, Zähne	Knochenabbau	Fisch, Fleisch, Pilze
Vitamin E	Zellschutz (Radikalenfänger)	Durchblutungsstörungen, Erschöpfung, Muskelschwäche	pflanzliche Öle, Nüsse, Avocados
Vitamin K	Blutgerinnung	erhöhte Blutgerinnungsneigung	grünes Gemüse, Sauerkraut

Der Organismus muß nicht nur mit den Makronährstoffen, sondern auch mit Vitaminen und Mineralstoffen versorgt werden

an enzymatischen und hormonellen Prozessen beteiligt. Eine ausgewogene Mischkost kann diese Grundbedürfnisse – wenn keine Erkrankung vorliegt oder sogenannte Vitaminkiller am Werk sind – durchaus decken. Als Vitaminkiller bezeichnet man Situationen und Bedingungen, die Vitamine binden, also einen vermehrten Vitaminbedarf mit sich bringen. So wird zum Beispiel beim Rauchen viel Vitamin A, C und E verbraucht. Wer viel Alkohol trinkt, hat wahrscheinlich einen Mangel an B-Vitaminen, wer ständig unter Streß steht, hat einen erhöhten Vitamin-C-Bedarf. Wenn Sie sich zu einer dieser Risikogruppen zählen, sollten Sie Ihren Speiseplan auf die erhöhten Bedürfnisse ausrichten.

Zu den Mineralstoffen zählen unter anderem die Elektrolyte Natrium, Kalium, Magnesium, Kalzium und Chlorid. Diese sind wichtig für die Nervenübertragung und ermöglichen, daß ein Impuls aus dem Gehirn zu den Organen weitergeleitet werden kann. Elektrolytentgleisungen sind lebensgefährlich und können Lähmungen, Herzstillstand oder einen Kreislaufzusammenbruch zur Folge haben. Der Elektrolythaushalt im Körper wird durch Regelkreise deshalb genau kontrolliert. Normale und ausgewogene Ernährung versorgt den Organismus in der Regel mit ausreichend Elektrolyten.

Spurenelemente kommen nur in äußerst geringen Konzentrationen im Körper vor, sind aber dennoch lebensnotwendig. Sie werden über Getränke, Nahrung und Atemluft aufgenommen. Zu den Spurenelementen gehören unter anderem Chrom, Eisen, Jod, Zink, Kupfer, Mangan, Selen und Cobald. Hier eine kleine Auswahl als »Warenkunde«. Die Mengenangaben beziehen sich auf den durchschnittlichen Bedarf eines Erwachsenen:

Eisen ist wichtig zur Bildung des roten Blutfarbstoffes beziehungsweise für die Speicherung von Sauerstoff im Muskel. Eisenhaltige Lebensmittel sind Fisch und Fleisch, Möhren und Haferflocken. Empfohlene Tageszufuhr: 12 bis 15 Milligramm.

Magnesium ist notwendig für den Aufbau der Knochen und der Zähne, für die Nervenübertragung und Muskelkontraktion. Magnesium ist hauptsächlich in Vollkornprodukten, Nüssen und Hülsenfrüchten enthalten. Empfohlene Tageszufuhr: 300 bis 350 Milligramm.

Zink wird zur Regulation des Blutzuckerhaushalts und für die Gesundheit der Haut benötigt. Es ist wichtig für die Wundheilung und das Wachstum. Der Zinkbedarf kann optimal mit Weizenkeimen, Haferflocken, Käse und Meeresfrüchten gedeckt werden. Empfohlene Tagesmenge: 12 bis 15 Milligramm.

Kalzium spielt wie Magnesium ein wichtige Rolle bei der Knochen- und Zahnbildung. Es ist unentbehrlich für die Blutgerinnung und die Muskelfunktionen, also auch für den Herzmuskel. Den höchsten Kalziumgehalt haben Milch und Milchprodukten. Empfohlene Tagesmenge: 800 Milligramm.

Kalium reguliert zusammen mit Natrium und Chlor den Druck der Körperflüssigkeit, hat außerdem eine wichtige Rolle im Säure-Basen-Haushalt und ist an der Reizübertragung der Nerven und Muskeln beteiligt. Mangelerscheinungen sind dementsprechend Muskelschwäche, bei starkem Mangel sogar Herzfunktionsstörungen. Kalium ist reichlich in pflanzlichen Produkten enthalten, auch in Tee, Kaffee, Kakao und Milch. Empfohlener Tagesbedarf: 2 bis 3 Gramm.

Selen unterstützt die Leber-, Muskel- und Herzfunktion, daneben das Immunsystem. Selen ist in Muskelfleisch, Meerestieren, Vollkorn- und Sojaprodukten enthalten. Empfohlener Tagesbedarf: 20 bis 100 Mikrogramm.

Jod ist wird für die Schilddrüsenfunktion benötigt. Jodmangel äußert sich häufig in Kropfbildung. In Deutschland als einem Jodmangelgebiet sind deshalb mit Jod angereicherte Lebensmittel (unter anderem Salz und Backwaren) im Handel erhältlich. Mit Seefisch kann Jodmangel ebenfalls vermieden werden. Empfohlener Tagesbedarf: 200 Mikrogramm.

Tips für eine gesunde Ernährung

Das alte Vorurteil, gesunde Kost sei langweilig, gilt nicht mehr. Die Auswahl an gesunden Lebensmitteln war noch nie so groß

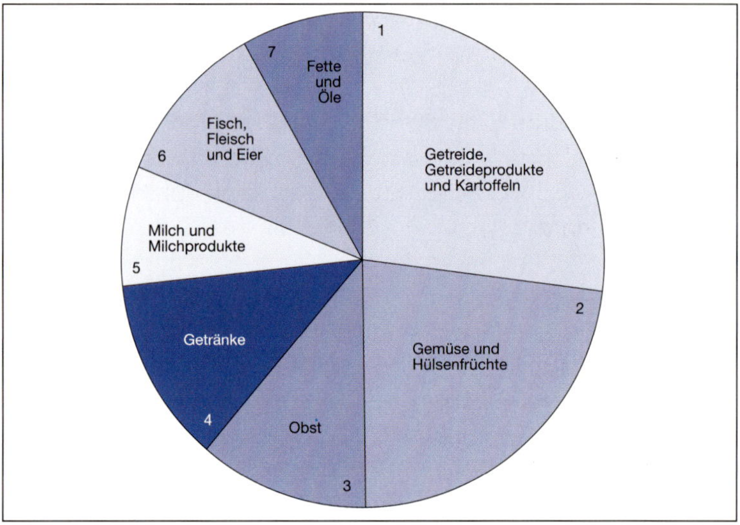

Der Ernährungunskreis der Deutschen Gesellschaft für Ernährung (DGE)

wie heutzutage. Doch wer die Wahl hat, hat bekanntlich die Qual. Eine optimale Nahrungszusammenstellung, wie sie Ernährungsmediziner empfehlen, ist in der Tortengrafik verdeutlicht.

Die deutsche Gesellschaft für Ernährung hat ein paar goldene Regeln für einen gesunden und schmackhaften Speiseplan zusammengestellt, die im Alltag leicht einzuhalten sind und sich hervorragend für die Zeit nach dem Fasten eignen. Sogar ein gelegentliches Schlemmer-Menü zu festlichen Anlässen gleicht der Körper wieder aus, wenn man ab und zu einen Teilfastentag (nur Obst, nur Rohkost, nur Kartoffeln oder nur Säfte) einlegt, sich im Alltag aber an die Empfehlungen hält.

Das oberste Ernährungsgebot dabei lautet: abwechlungsreich essen. Denn um gesund und leistungsfähig zu bleiben, braucht der Körper eine Vielzahl an Nährstoffen: dazu gehören vor allem Eiweiß, Fett und Kohlenhydrate, aber auch Vitamine und Mineralstoffe. Je vielseitiger Sie Ihre Kost also zusammenstellen, desto umfangreicher ist das Angebot an Nährstoffen und

desto vielfältiger wird auch Ihr Eßvergnügen. Nur einseitige Ernährung ist langweilig, und diese Gefahr bergen leider auch so manche Diäten.
Ergänzend zu den nachfolgenden Tips gilt: möglichst öfter, dafür kleinere Portionen essen, empfehlenswert sind fünf kleine Mahlzeiten. Das bringt Sie in Schwung, verhindert Leistungstiefs und plötzlichen Heißhunger.

Tip 1: Fett sparen
Fett macht dick! Gehen Sie also sparsam damit um, und berücksichtigen Sie auch die versteckten Fette zum Beispiel in Wurst und Käse. Etwas Butter ist zwar erlaubt, besser sind jedoch Magarine und hochwertige Öle. Achten Sie stets auf gute Qualität und einen hohen Anteil an ungesättigten Fettsäuren.

Eine ausgewogene Ernährung hält fit und gesund

Tip 2: Richtig würzen
Mit Würzen läßt sich der Eigengeschmack vieler Speisen hervorheben und verbessern. Doch denken Sie dabei nicht nur an Salz. Es gibt viele andere Gewürze und Kräuter, die den gleichen Effekt haben und sogar noch mehr Variationsmöglichkeiten bieten.

Tip 3: Süßes in Maßen
Zuviel Zucker wird in Fettpölsterchen umgewandelt. Wenn Sie nicht zu den Leistungssportlern gehören, die viel Energie verbrennen, sollten Sie auf das zweite Stück Kuchen verzichten und nicht zuviel nebenbei naschen. Mit Obst läßt sich der Hunger auf Süßigkeiten gesund stillen.

Tip 4: Mehr Vollkorn
Am besten essen Sie täglich Vollkornbrot und öfter mal ein Getreidegericht. Ihr Vitamin- und Mineralienbedarf wird damit optimal gedeckt, und auch an Ballaststoffen für eine gute Verdauung mangelt es nicht.

Tip 5: Reichlich Gemüse, Kartoffeln und Obst
Diese Nahrungsmittel sollten einen Ehrenplatz in Ihrem Speiseplan einnehmen. Verwenden Sie am besten Saisongemüse, das frisch gekauft werden kann. Und halten Sie sich an folgende Faustregel: täglich mindestens 200 Gramm Gemüse, 150 Gramm Obst und eine Portion Salat oder Rohkost. Kartoffeln sind immer erlaubt, wenn nicht ständig Bratkartoffeln oder Pommes frites daraus gemacht werden.

Tip 6: Weniger tierisches Eiweiß
Genügend Eiweiß ist zwar wichtig, es muß aber nicht immer aus Fleisch- und Wurstwaren stammen. Auch Fisch und Milchprodukte decken den Eiweißbedarf, ganz zu schweigen von den gesunden pflanzlichen Eiweißlieferanten. Und wenn es denn doch ein schönes Steak oder ein saftiger Braten sein muß, sollte man hochwertige Fleischprodukte, möglichst aus biologischer Aufzucht, wählen.

Und zu guter letzt ...

Sie haben das Fasten erfolgreich abgeschlossen, ein neues Körpergefühl entwickelt – wahrscheinlich mit weniger Gewicht – und wollen den Erfolg halten. Mit einer Ernährungsumstellung auf gesunde Vitalkost ist das kein Problem. Und diese kann sogar Spaß machen, wenn man seine Phantasie ins Spiel bringt. Nutzen Sie beispielsweise Ihren nächsten Urlaub, um fremdländische Speisenzubereitungen und Rezepte kennenzulernen und in Ihr neues Eßprogramm einzubauen. Gerade die Mittelmeerküche mit ihren Gemüsegerichten, Salaten und Fisch hat in dieser Richtung einiges zu bieten.
Oder machen Sie aus einem Kurzurlaub doch mal eine Wellness-Woche mit sportlicher Rahmenprogramm inklusive Schönheitskur. Oder gehen Sie ab jetzt öfter zum Schwimmen oder zum Tanzen – fangen Sie einfach etwas Neues an, was Ihren Körper in Schwung hält und was Ihnen Spaß macht.

Adressen einiger Fachkliniken

(nach Postleitzahlen geordnet)

Deutschland

Virchow Klinikum
Augustenburger Platz, D-13353 Berlin
Tel: 0 30/4 50 50

Schloß Warnsdorf
Klinik Dr. Scheele GmbH
Schloßstr. 10, D-23626 Ratekau
Tel.: 0 45 02/84 00

Klinik Dr. O. Buchinger
Privatkrankenanstalt für Naturheilverfahren
Forstweg 39, D-31810 Bad Pyrmont
Tel.: 0 52 81/16 64 50

Klinik am Warteberg
Dr. Sawatzki
Werner-Eisenberg-Weg 3
D-37213 Witzenhausen
Tel.: 0 55 42/50 60

Felke-Kurhaus am Maasberg
Sanatorium für klassische und neuzeitliche Naturheilverfahren
55566 Bad Sobernheim
Tel.: 0 67 51/87 62 08

Klinik für Naturheilweisen
Dr. Ostermayer
Sanatoriumsplatz 2, D-81545 München
Tel.: 0 89/62 50 50

Landhaussanatorium im Sonnenfeld
Sonnenfeldweg 20, D-83707 Bad Wiessee
Tel.: 0 80 22/8 44 01

Allgäu Clinic für Naturheilverfahren
Dr. Bachmann
Hahnenfeldstr. 24, D-86825 Bad Wörishofen
Tel.: 0 82 47/39 30
oder:
Gerberweg 6, 87541 Hindelang
Tel.: 0 83 24/89 80

Privatklinik Dr. K. Spiske
Bürgermeister-Ledermann-Str. 7–9
D-86825 Bad Wörishofen
Tel.: 0 82 47/39 80

Buchinger Klinik
Wilhelm-Beck-Str. 27
D-88662 Überlingen
Tel.: 0 75 51/80 70

Wiedemann Parkklinik
Kur-Allee 18-22, D-88709 Meersburg
Tel.: 0 75 32/80 20

Österreich

Diät und Kneipp Sanatorium
Dr. Felbermayer
Postfach, A-6793 Gaschurn
Tel.: 00 43/55 58/8 61 70

Klinik Dr. med. Hubert Freisleben
Elisabeth-Promenade 5, A-6990 Bad Aussee
Tel.: 00 43/3 62/2 84 02

Schweiz

Kurhaus Prasura
Chefarzt Dr. Bauer
Hähnwaldweg 880, CH-7050 Arosa
Tel.: 00 41/81/3 78 82 82

Schloß Steinegg
Kurhotel
CH-8536 Hüttwilen/Thurgau
Tel.: 00 41/52/7 47 14 81

Risikotest Herz-Kreislauf-Erkrankungen

	Risikopunkte	
Geschlecht		
männlich	2	❑
weiblich	1	❑
Alter		
bis 30 Jahre	0	❑
31 bis 40 Jahre	0	❑
41 bis 50 Jahre	2	❑
51 bis 60 Jahre	3	❑
über 60 Jahre	4	❑
Üben Sie eine vorwiegend sitzende Tätigkeit aus?		
nein	0	❑
ja	1	❑
Wie gestalten Sie Ihre Freizeit		
Fernsehen und Kino	1	❑
Musik hören, faulenzen	1	❑
Essen gehen	1	❑
viel Haus- und Gartenarbeit, Heimwerken	-1	❑
Spaziergänge und Fahrradtouren	-1	❑
Schwimmen, Joggen, Skilanglauf	-1	❑
Kraftsport	-1	❑
Volleyball, Tennis, Squash, Badminton	-1	❑
Wie oft treiben Sie Sport (mindestens halbstündige Ausdauerbelastung)		
mehrmals wöchentlich	-3	❑
einmal pro Woche	0	❑
gelegentlich	2	❑
nie	3	❑
Rauchen Sie?		
nein	0	❑
ja, weniger als 10 Zigaretten pro Tag	1	❑
ja, 10 bis 20 Zigaretten pro Tag	3	❑
ja, 21 bis 40 Zigaretten pro Tag	6	❑
ja, 2 Päckchen Zigaretten pro Tag und mehr	8	❑
Ist Ihre Ernährung ausgewogen und abwechslungsreich? (Gemüse, Obst, Vollkornprodukte, fettarm)		
ja	-2	❑
ich gebe mir Mühe	1	❑
nein	2	❑

Wie häufig trinken Sie Alkohol?		
selten	0	❑
1–3mal wöchentlich	1	❑
4–7mal wöchentlich	2	❑
mehrmals täglich	3	❑
Ihr Körpergewicht?		
(Sollgewicht Männer = Körpergröße in cm minus 100; Sollgewicht Frauen = Körpergröße in cm minus 100 minus 10%)		
Sollgewicht	-1	❑
5 bis 10 kg über Sollgewicht	1	❑
11 bis 20 kg über Sollgewicht	3	❑
mehr als 20 kg über Sollgewicht	6	❑
Unter welcher Gesundheitsstörung leiden Sie?		
Zuckerkrankheit	2	❑
Gicht	2	❑
Fettstoffwechselstörung	2	❑
keine der genannten	0	❑
Gibt es Fälle von Herzinfarkt oder Schlaganfall in der Familie?		
nein	0	❑
ja	2	❑
Kommen in Ihrer Familie Fettstoffwechselstörungen vor?		
nein	0	❑
ja	3	❑
Wie hoch sind Ihre Blutdruckmeßwerte?		
bis zu 140/90 mm Hg	0	❑
141/91 bis 160/95 mm Hg	2	❑
über 160/95 mm Hg	4	❑
Wie hoch sind Ihre Cholesterinwerte?		
unter 200 mg/dl	0	❑
200 bis 250 mg/dl	4	❑
über 250 mg/dl	8	❑

Meine Risikopunktzahl beträgt: ____________

Das ist Ihr Risiko, an Herz oder Gefäßen zu erkranken:

0	Risikopunkte	gering
1 bis 10	Risikopunkte	niedrig
11 bis 20	Risikopunkte	mittel
über 20	Risikopunkte	hoch

Quelle: Risikotest Merck

Die Autorin

Birgit Vogel studierte Humanmedizin in Hamburg und Göttingen.
Sie arbeitete mehrere Jahre als freie Mitarbeiterin bei der Nordwestzeitung in Oldenburg und bei der Bremer Tageszeitung.

Fotonachweis:
Archiv für Kunst und Geschichte: 10, 57,
Bilderberg/Grames: 5,
IFA-Bilderteam/Digul: 65; -/Heron: 7; -/Tschanz: 69,
JUMP: 3 unten, 63, 79, 91; -/Lenz: 27; -/Vey: 13,
Mosaik Verlag/Brauner: 83; -/Holz & Wunsch: 19; -/Teubner: 44
Reinhard-Tierfoto: 73,
StockFood Eising: 2, 3 oben, 23, 41, 60, 67, 85,
Tony Stone Bilderwelten/Guillaumin: 76; -/Perlstein 14
ZEFA: 31; -/Zisch: 46

Redaktion: Ulrike Erbertseder
Textredaktion: Christina Hackner
Umschlaggestaltung: Design Team München
Umschlagfoto: Jörg Steffens/Freundin

in der Verlagsgruppe Bertelsmann GmbH / 5 4 3 2
Satz: Alinea GmbH, München
Druck: Alcione, Trento
Bindung: Ecoprint, Lavis-Trento
Printed in Italy
ISBN 3-576-11121-2